JN296369

● 乳幼児社会性発達のプロセススケール ●

# 特別支援保育に向けて
―社会性を育む保育　その評価と支援の実際―

安藤　忠・川原佐公 編著

中新井澪子・和知富士子
米倉裕希子・鶴　宏史 共著

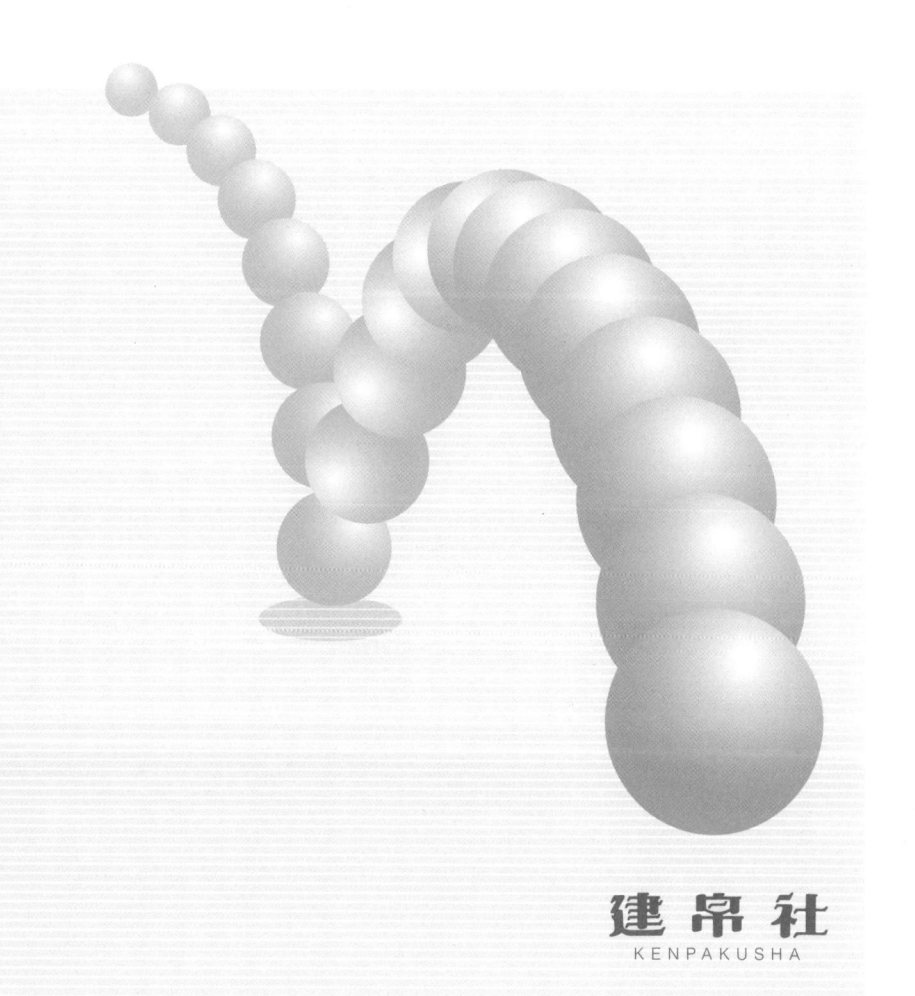

建帛社
KENPAKUSHA

# はじめに

「……人間の本質とは，個々の内部に宿る抽象物なのではない。それは，その現実の在り方においては，社会的諸関係の相対なのである」というマルクスの言葉がある。社会福祉の立場では，複雑な社会的諸関係を，個人の主体性という観点から，①経済，②職業，③医療，④家族，⑤教育，⑥社会的協同，⑦文化・娯楽の機会という社会生活上の基本的要求の充足過程として捉える（岡村重夫『社会福祉原論』全国社会福祉協議会，1983）。では，保育（所）での，子どもたちの社会関係をどのように捉えて基本的枠組みを作り，評価し，支援したらよいかという自らの疑問に答えようとして，私たちはこの本を送り出す。

近年，教育の場では特別支援教育が法に定められ，特殊教育体制の中では十分に対応できていなかった，知的障害の目立たない，アスペルガー症候群，高機能自閉症，学習障害，注意欠陥／多動性障害など，発達障害のある子どもたちへの支援体制が整えられつつある。この中には，既に就学前にその特徴的行動を表す子どももいるが，多くの場合は，いわゆる社会性の発達の遅れとして捉えられるようである。しかし，社会性とは何かと問われた場合，その意味はさまざまで，ADL（日常生活動作）から，QOL（生活の質）までの広い範囲が含まれ，いまだ定見はない。

私たちは，まず学校教育につながる保育所で必要な支援策を講じる第一歩として，社会性の発達を，保育所での人間関係の発達に限定し，その範囲を妥当なところで定めることからはじめた。本書の題名の由来である。

そのそもそもの始まりは，1981年にさかのぼる。当時，私は北九州市立総合療育センター所長高松鶴吉先生のご指導の下にチームを組み，『入門　障害児保育の原理』（高松鶴吉監修，学習研究社，1982）という本を上梓した。その際，第11章で，観察の仕方と記録のとり方について述べ，いくつかの検査法を取り上げたが，その中の一つに東山紘久らの手になる「精神薄弱児の遊戯治療と訓練の過程」（『臨床心理学研究』9（2），1970）中の行動分析スケールがあった。1983年に私は，大阪府立大学社会福祉学部に移籍したが，このことはおぼろげにしか覚えていなかった。

しかし，待井和江先生のご指導の下に，野澤正子先生，川原佐公先生，泉千勢先生たちと共に，大阪府社会福祉協議会研修センター主催の障害児保育ゼミナールを充実させるにあたって，エビデンスを主体とした保育の評価・分析方法を取り入れることとし，その一つに，この貴重なスケールの採用を検討した。

ただそれにはいくつか問題があった。その最大の問題は，原典が精神薄弱児（知的障害児）の遊戯治療室における行動観察から得られたデータであるので，より環境的に刺

激の多い保育所での，多様な発達過程にある，子どもたちの行動にうまく適合するかどうかが定かではなかったことである。

　また，観察に基づき得られた発達のプロセスや観察の視点が，どんなに精緻なものであっても，それが，現代の発達行動学や発達心理学の理論とどの程度整合性をもつかを明らかにしなければ，多くの賛同を得ることはできないし，思いつきの枠を出ることができないのは自明のことである。

　そこで，当時のゼミナールに参加していた現場の保育士のみなさんの力を借り，まず，スケールの枠組みは変えずに，項目をより細かに，また表現を保育士向けに直して，標準化し，並行して，その観察項目は，どのような理論で説明できるかを検証することとした。1990年のことである。

　幸いなことに，オリジナルスケールづくりを担当された和知富士子さんと中新井澪子さんも，個人的に知己の間柄であったので，はじめからこの作業に参加していただき，貴重なご助言をいただき，よくその趣旨を理解することができた。

　項目と内容の検討を終え，1991年と1992年に，S市の保育所で，保育士自身による評価を行い，統計処理をしたが，標準化の作業をし終えたのは，1992年のことで，その一部は第45回日本保育学会で発表した。その後，用語等のマイナーチェンジを繰り返しつつ，このスケールを用いた保育園児の行動を，レーダーチャートに記し，大阪府や神戸市の障害児ゼミナールで，また大阪府下いくつかの市の巡回相談で事例を集め，2000年に障害別によるパターンの類型化とその意味を考察し，2001年に社会福祉教育年報（21集）に，「保育所における障害児の社会性発達プロセスの類型化に関する研究」として発表した。この研究には富士記念財団の研究助成を受けている。

　この当時から，いずれは成果をまとめてという気持ちがあったので，2000年から，安藤，川原，中新井，和知のほかに，新たに大阪府立大学院生であった，鶴宏史君と米倉裕希子さんを加えて，本格的に出版準備のための研究会を立ち上げ，月1回のペースでまとめにかかったが，個々の項目や視点について，納得のいく説明にいたるまでに7年が経ってしまった。

　本書の構成としては，第1章で，保育所が子どもの人間関係（社会性）形成にとってどんなに大切な場所であるかについて述べた。第2章では，本研究のプロセスについて述べ，保育所における子どもたちの社会性の発達を，母親から分離していく過程など，10項目にした理由と，先行研究との関連を明らかにした。第3章では，発達スケールをレーダーチャート化して用いた場合の表現形を類型化し，障害別の特徴の経時

的変化を述べた。第4章では，障害と発達援助の方法について，項目別に対応した援助の考え方を述べるとともに，特に，前章と関連させて，レーダーチャートのタイプ別に見た障害の特性への対応の項を起こした。第5章は，保育所での事例を取り上げ，社会性発達チャートを主にした，障害児の保育に必要な観察の要点を取り上げた。第6章では，保育実践への応用として，応用行動分析と遊戯療法を用いた援助の事例を紹介した。第7章では，転換期にある現代保育の課題とその取り組みについて言及し，本研究の意義を広い視点から検討した。

　研究書でもあり実用書でもありたいと二兎を追ったが，今回何とか作業をやり終え，神戸親和女子大学の出版助成を受け，建帛社のご好意の元に，出版の運びにいたったことを喜んでいる。

　保育という心躍る子育ての実践の中に，常に子どもへの感性を研ぎ澄ますこととあわせて，このような分析的考え方を取り入れ，保育の幅を広げていただければ幸いである。確かに保育所は集団で成り立ってはいるが，求められるのは一人ひとりの子どものニーズに合った支援である。ここに福祉の変わらぬ視点がある。私たちは，「乳幼児社会性発達に関するプロセススケール」研究が，障害の有無にかかわらず，対人関係に戸惑いをもつすべての子どもの負担を，少しでも和らげるのに役立つよう，心から願っている。

2008年2月

安藤　　忠

# 目 次

はじめに ……………………………………………………………………… i

## 第1章　子どもの社会性発達の危機
1. 何が危機なのか？ ………………………………………………… 1
2. 社会性とは ………………………………………………………… 1
3. 子どもを捉える視点 ……………………………………………… 2
4. 社会環境と子ども ………………………………………………… 4
5. 子どもと家族の関係を阻害するもの …………………………… 5
　（1）子どもと家族　5
　（2）育てにくさと障害　6
　（3）児童虐待　6
　（4）不適切な養育―生活のリズムと乱れ　7
6. 人間関係を育む場としての保育所 ……………………………… 8

## 第2章　研究のプロセス
1. 「乳幼児社会性発達のプロセススケール」作成の過程 ……… 11
2. オリジナルプロセススケールの作成 …………………………… 11
3. 標準化の手続き …………………………………………………… 13
　（1）調査結果　13
4. 項目の構成 ………………………………………………………… 21
　（1）項目A　母親から分離していく過程　21
　（2）項目B　不安感，緊張感の減少過程　22
　（3）項目C　遊びの発展過程　22
　（4）項目D　制限が理解されていく過程　22
　（5）項目E　自己制御ができていく過程　23
　（6）項目F　感情の表出過程　23
　（7）項目G　集団に適応していく過程　24
　（8）項目H　保育者との関係が深まる過程　24
　（9）項目I　他児との関係が深まる過程　24
　（10）項目J　三者関係が成立する過程　25
5. 先行研究との関連 ………………………………………………… 25
　（1）項目Aとマーラーの分離―個体化理論　25
　（2）項目Bの不安感と保育所の機能構造　26
　（3）項目Cとピアジェの発達理論　29
　（4）項目Dと心の理論　29
　（5）項目Eと自己制御機能　31
　（6）項目Fとスローフの情動の発生理論　33
　（7）項目Gとパーテンの社会的行動の過程　35
　（8）項目Hとエインズワースのアタッチメント理論　37
　（9）項目Iとレヴィンジャーの自我発達理論　39
　（10）項目Jと三者関係　41

## 第3章　プロセススケールを用いた障害児保育

1. レーダーチャートの類型化 ……………………………………………… 45
   - （1）目　的　45
   - （2）対象児の概況　45
   - （3）結　果　47
   - （4）考　察　51
2. タイプ別の変化 …………………………………………………………… 51
   - （1）目　的　51
   - （2）対象児の概況　52
   - （3）結　果　52
   - （4）考　察　54

## 第4章　子どもの障害と発達援助の方法

1. 精神発達とは ……………………………………………………………… 57
2. 社会性の発達とは ………………………………………………………… 57
3. 項目別対応 ………………………………………………………………… 58
   - （1）項目Aと基本的信頼感　58
   - （2）項目Bと大丈夫感　59
   - （3）項目Cと身体を使った遊び　60
   - （4）項目Dと意図の理解　60
   - （5）項目Eと自己肯定感（自信）　61
   - （6）項目Fと自己肯定感（安心）　62
   - （7）項目Gと集団の動きの理解　62
   - （8）項目Hと大人への依存　63
   - （9）項目Iと他児の気持ち理解　64
   - （10）項目Jと状況の意味の理解　64
4. タイプ別に見た障害の特性の対応 ……………………………………… 65
   - （1）ダウン症やその他の知的障害　65
   - （2）広汎性発達障害　66

## 第5章　事　例

1. 事例1　知的障害を伴う自閉症（保育所入所年齢3歳3ヶ月）………… 69
   - （1）保育所入所までの経過　69
   - （2）保育所入所当初の様子（3歳3ヶ月）　70
   - （3）その後の変化（5歳1ヶ月）　71
2. 事例2　広汎性発達障害（保育所入所年齢3歳5ヶ月）………………… 73
   - （1）保育所入所までの経過　73
   - （2）保育所入所当初の様子　74
   - （3）その後の変化（5歳）　76
3. 事例3　ダウン症（保育所入所年齢2歳7ヶ月）………………………… 78
   - （1）保育所入所までの経過　78
   - （2）保育所入所当初の様子（2歳9ヶ月）　79

         (3) その後の変化（4歳9ヶ月）　80
   4．事例4　被虐待児（児童養護施設入所年齢4歳2ヶ月）……………82
         (1) 児童養護施設入所までの経緯　82
         (2) 児童養護施設入所当初の様子（4歳2ヶ月）　82
         (3) その後の変化（入所2年後）　83

## 第6章　実践への応用
   1．応用行動分析 …………………………………………………………87
         (1) 障害のある子どもに対する応用行動分析　87
         (2) 応用行動分析の実践事例　88
   2．遊戯療法 ………………………………………………………………94
         (1) 障害のある子どもに対する遊戯療法　94
         (2) 遊戯療法の実践事例　95

## 第7章　現代保育における課題
   1．保育士の国家資格化と保育内容の課題
         ―ますます重要になる保育所における教育機能― ………………101
   2．保母資格の創設と社会の変化 ………………………………………102
   3．保育士の国家資格化と業務内容の変化 ……………………………102
   4．保育士の自己研鑽の義務化 …………………………………………102
   5．求められる保育指導業務の見直し …………………………………103
   6．保育所での具体的な指導の事例 ……………………………………104
         (1) 社会性の発達の第一段階　104
         (2) 研究事例の紹介にあたって　105
         (3) 研究事例　105
         (4) 実践研究から考察する保育者の援助のまとめ　107


おわりに …………………………………………………………………………112

付録1　「乳幼児社会性発達のプロセススケール」をチェックする際の留意点……115
付録2　レーダーチャート原本 …………………………………………………118

索　引 ……………………………………………………………………………119

# 第1章 子どもの社会性発達の危機

## 1．何が危機なのか？

　子どもの育ちの危機が指摘されるようになってから久しい。身体の育ちに関しては，基礎体力の低下[1,2]，自律神経系の異常[3]，脳の発育不全[4]が指摘されている。また，近年では，いわゆる「気になる子ども」「キレル子ども」「自己チュー児」が増えてきた。このような子どもは自分の感情がコントロールできない，相手の感情を読み取れない，自分の行動が相手にどのような影響を与えるのか推測できないなどといった，他者とのコミュニケーションにつまずきをもつことが多い[5]。これらはいわゆる社会性発達の問題と指摘され，政策レベルでも取り上げられるようになってきている。

　このような傾向は，保育所や幼稚園でも報告され，どのようにして保育を進めていけばよいのかが大きな問題となってきている。例えば，本郷一夫らの保育所を対象とした調査[6]によれば，保育所における「気になる子ども」の具体的な行動として，①対人的トラブル，②落ち着きのなさ，③状況への順応性の低さ，④ルール違反が挙げられた。

　また，平澤紀子らが保育所を対象とした調査[7]では，「困った行動・気になる子ども」の特徴として，①集団活動に関する問題，②ことばに関する問題，③動きに関する問題，④興奮・かんしゃく・情緒不安，⑤指示に従わないが顕著で，そのような行動が生じやすい保育活動として，①クラス活動，②友達とのかかわりなどが明らかとなり，結果として保育所における「気になる・困った行動」として，集団や対人関係に関する複数の行動とまとめている。

　本章では，社会性，特に乳幼児期における社会性の概念，そしてその発達を阻害すると考えられる要因を挙げ，社会性発達にとって保育所の果たす意義と今後の課題について述べていく。

## 2．社会性とは

　そもそも，社会性とは何を指すのだろうか。実は社会性についての定義は研究者の間でも一致したものがない。遠藤利彦[8]は，社会性が"sociality"（社会生活性・群居性），"sociability"（社交性），"social skill"（社会的スキル），"prosocial behavior"（向社会的行動），"empathy"（共感），"sympathy"（同情）というように多義的に用いられ，社会性という用語の多様さを指摘する。その上で，「子どもが発達過程の中で備えるべき，あくまでも『社会』というものに限定的にかかわる性質や能力」[9]と定義している。ここでいう社会とは，家族，学級から場合によっては国家までも含む人が共同生活を営む母集団を意味し，さらに，社会性の構成要素として，①特定集団を

維持するための基本的特質と集団そのものやそこでの仕組み・制度・規則に関する知識や態度，および②集団成立の基本要素である人と人との関係性を挙げている[10]。

また，繁多進は，最広義の定義として，「その社会が支持する生活習慣，価値規範，行動基準などにそった行動がとれるという全般的な社会的適応性」[11]を挙げ，この場合，例えば，歯をみがくことができるようになったことも社会性に含めるとする。最も狭い意味として，「他者との円滑な対人関係を営むことができるという対人関係能力」[12]を指すとする。そして自らは，「個人が自己を確立しつつ，人間社会の中でよりよく適応的に生きていく上での諸条件」[13]と定義している。

同じような定義として，松永あけみは，「人が自分を確立しつつ，人間関係を形成したり，社会の規範や行動様式などを身につけるなど，その個人が生活する社会において，互いに，円滑かつ適応的に生きていく上で必要な諸特性」[14]とし，その特性を①自己形成の要素（自他への信頼感および有能感，自己制御能力など）と，②他者を捉え，かかわるための要素（他者理解能力，役割取得能力，他者への共感性や思いやり，コミュニケーションスキル，社会的問題解決能力）に分けている[15]。

このように見ていくならば，社会性は，自己の確立および，対人関係（人間関係）に関する諸特性ということができる。そして社会性は，出生からおおよそ成人になるまで（十代後半まで）に育まれ，子どもが成長するそれぞれの年齢で，家庭，地域，幼稚園・保育所，学校など，さまざまな場での人間関係と社会的な経験を通じて，発達するのであり，個人差も大きく，社会的変容の影響を受けながら世代から世代へ，社会集団から社会集団に受け継がれるものという特質を有する[16]。

このように社会性は我々が社会で生活する上で不可欠なものである。しかしながら，次節から述べるように今日の子どもを取り巻く環境の変化は，子どもの社会性を育む機会を奪ったために，本来であれば自然と身につく――その多くは社会生活を送る上での基礎をなす――ものが，大人が積極的に教えない限り身につかなくなってしまったのである。

## 3. 子どもを捉える視点

社会性発達の問題に限ったことではないが，子どもの問題を考える際，その要因を限定的に子どもとその家族（特に養育者）の中に見出そうとする傾向がある。このような考え方もある程度有用ではあるが，しかし，子どもは多様な環境との相互作用の中でさまざまな経験をし，影響を受けている。そのため，子どもの行動・情緒などに関しては，子どもと環境との相互作用の中で問題を捉え，解決を図る必要がある。

子どもの発達をこのような多様な環境との相互作用を考える視点として，ブロンフェンブレンナー（Bronfenbrenner）[17]の考え方は示唆に富む。彼は生態学的視点から子どもを取り巻く環境について，マイクロ（ミクロ）・メゾ・エクソ・マクロの4つのシステムに構造化している。これについて，岡本依子ら[18]は具体的に以下のように説明している（図1-1参照）。

ヨウくんはカトウさんの家の長男で，会社員の父と専業主婦の母，2歳年下の妹ルミちゃんと，東京近郊の典型的なベッドタウンで暮らしている。ヨウくんは現在5歳で，S幼稚園に

通っている。ヨウくんの生活（そして発達）に直接影響を与えるのは，彼をとりまく人間関係，つまり家庭での両親や妹との関係と，幼稚園での担任教諭や友だちとの関係である（マイクロ（＝微小）システム）。そしてそれぞれの人間関係は，互いに影響しあっている。例えば夫婦関係は親子関係にも影響するし，そのことが幼稚園での友だち関係にも影響する（メゾ（＝中間）システム）。また，父親の会社の人間関係や母親の友だち関係は，ヨウくんが直接参加するわけではないが，間接的に影響を与えている（エクソ（＝外部）システム）。さらに，日本の社会・文化・経済状況（マクロ（＝巨大）システム）も，ヨウくんの発達にやはり間接的に影響している。さらにヨウくんの成長とともに，ヨウくんをとりまくこれらのシステムは増え，いっそう複雑なシステムの中で暮らしていくこととなる。

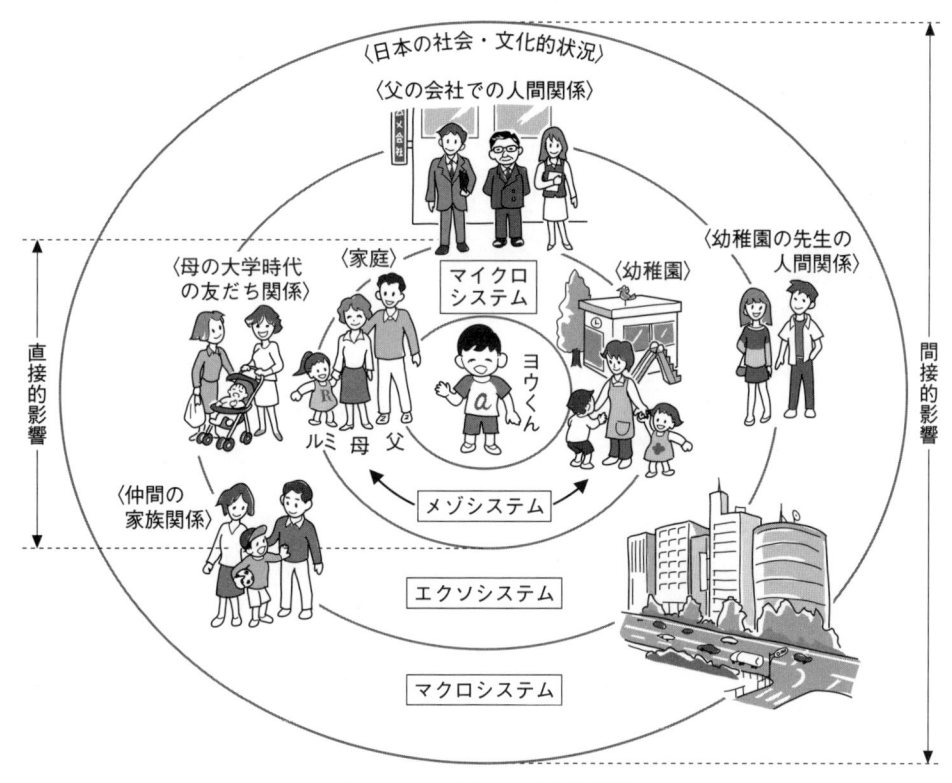

**図1－1　ヨウくんの生活世界**

出典：岡本依子ほか（2004）『エピソードで学ぶ乳幼児の発達心理学』新曜社，p.19 をもとに作成

　このように生態学的視点は，子どもを取り巻く環境のそれぞれが相互に作用し合っていることを示してくれる。しかしこれらの環境システムは固定したものではなく，子どもの発達に伴って変動する。そのため，のちに彼はこの４つのシステムに時間軸を示すクロノシステムを加えた。これは，時間や次元に関するもので，子どもの発達過程で遭遇する身近な変化から，歴史的出来事や社会的状況を含む[19, 20]。

　同様の視点から，カーターとマクゴールドリック（Cater & McGoldrick）[21]は個人と家族にかか

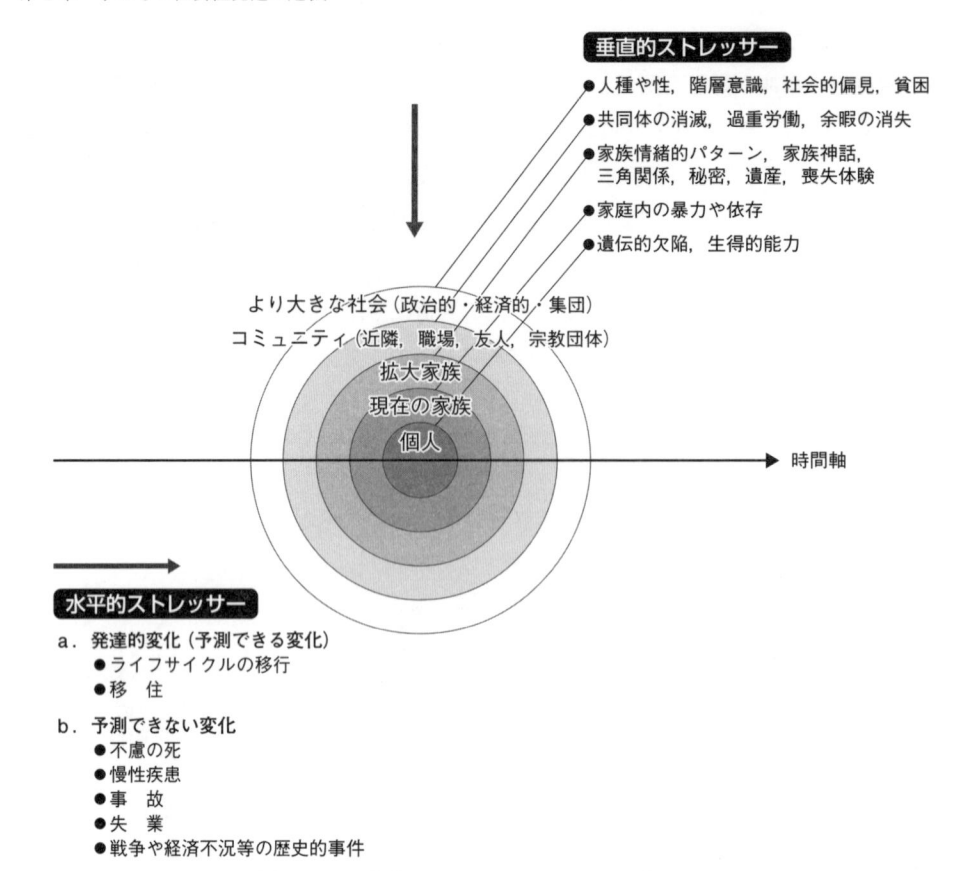

## 垂直的ストレッサー
- 人種や性，階層意識，社会的偏見，貧困
- 共同体の消滅，過重労働，余暇の消失
- 家族情緒的パターン，家族神話，三角関係，秘密，遺産，喪失体験
- 家庭内の暴力や依存
- 遺伝的欠陥，生得的能力

より大きな社会（政治的・経済的・集団）
コミュニティ（近隣，職場，友人，宗教団体）
拡大家族
現在の家族
個人

時間軸

## 水平的ストレッサー
a．発達的変化（予測できる変化）
- ライフサイクルの移行
- 移住

b．予測できない変化
- 不慮の死
- 慢性疾患
- 事故
- 失業
- 戦争や経済不況等の歴史的事件

**図1−2　家族にふりかかるストレスの流れ図**
出典：平木典子・中釜洋子（2006）『家族の心理』サイエンス社，p.31，原典は，引用文献 21）

るストレスを図1−2のように図式化した。また，マッセン（Mussen）[22]は，子どもの発達に影響を与える要因として，①遺伝的に決定された生物学的要因，②非遺伝的な生物学的要因，③子どもの過去における学習，④直接の社会的・心理的影響，⑤その中で子どもが育つ総体的な社会的・文化的な環境を挙げている。このような視点を踏まえて，以下，子どもを取り巻く環境について触れたい。

## 4．社会環境と子ども

　子どもにとって家族（親）とその中で育つことの意味は限りなく大きいが，子どものネガティブな変化を親の責任としてのみ追及することはできない。なぜならば，先述したように，親もまた子ども同様に社会という複雑な環境との相互作用の中で生活し，そして影響を受けているためである。

　柏女霊峰[10]は，現代の子どもや家族を取り巻く環境を図1−3のようにさまざまなレベルにおける「児童・家庭に関する諸状況の整理」として構造化している。

　社会・経済状況の変化としては，産業構造の変化，都市化，高学歴化，所得水準の向上や，他方で所得格差の増大などが挙げられるが，これらの変化が，地域社会，さらに家族に大きな影響

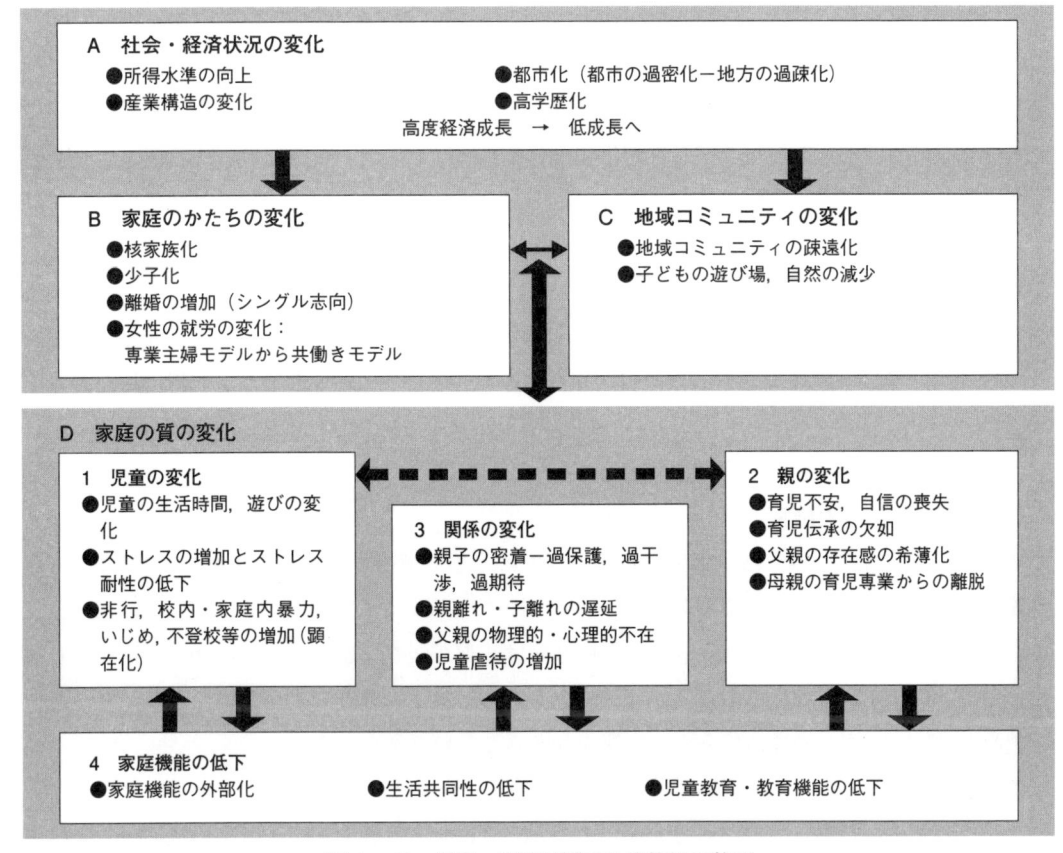

```
┌─────────────────────────────────────────────────────────────────────┐
│ A  社会・経済状況の変化                                               │
│   ●所得水準の向上            ●都市化（都市の過密化－地方の過疎化）    │
│   ●産業構造の変化            ●高学歴化                              │
│            高度経済成長  →  低成長へ                                │
└─────────────────────────────────────────────────────────────────────┘
           ↓                                    ↓
┌──────────────────────────────┐    ┌──────────────────────────────┐
│ B  家庭のかたちの変化          │    │ C  地域コミュニティの変化      │
│   ●核家族化                   │←→│   ●地域コミュニティの疎遠化   │
│   ●少子化                    │    │   ●子どもの遊び場，自然の減少 │
│   ●離婚の増加（シングル志向）  │    │                              │
│   ●女性の就労の変化：         │    │                              │
│     専業主婦モデルから共働きモデル│   │                              │
└──────────────────────────────┘    └──────────────────────────────┘

┌─────────────────────────────────────────────────────────────────────┐
│ D  家庭の質の変化                                                    │
│ ┌──────────────┐   ┌──────────────┐   ┌──────────────┐           │
│ │ 1 児童の変化  │   │ 3 関係の変化  │   │ 2 親の変化   │           │
│ │●児童の生活時間，│←--│●親子の密着－過保護，│--→│●育児不安，自信の喪失│           │
│ │ 遊びの変化    │   │ 過干渉，過期待 │   │●育児伝承の欠如│           │
│ │●ストレスの増加と│   │●親離れ・子離れの遅延│   │●父親の存在感の希薄化│           │
│ │ ストレス耐性の │   │●父親の物理的・心│   │●母親の育児専業から│           │
│ │ 低下         │   │ 理的不在     │   │ の離脱       │           │
│ │●非行，校内・家庭│   │●児童虐待の増加 │   │              │           │
│ │ 内暴力，いじめ， │   │              │   │              │           │
│ │ 不登校等の増加 │   │              │   │              │           │
│ │（顕在化）     │   │              │   │              │           │
│ └──────────────┘   └──────────────┘   └──────────────┘           │
│        ↑                                    ↑                     │
│ ┌──────────────────────────────────────────────────────────────┐ │
│ │ 4 家庭機能の低下                                             │ │
│ │  ●家庭機能の外部化  ●生活共同性の低下  ●児童教育・教育機能の低下│ │
│ └──────────────────────────────────────────────────────────────┘ │
└─────────────────────────────────────────────────────────────────────┘
```

**図1-3 児童・家庭に関する諸状況の整理**

出典：柏女霊峰（2005）『次世代育成支援と保育─子育ち・子育ての応援団になろう─』全国社会福祉協議会，p.24 を加筆修正

を与えた。地域社会の変化でいうと，都市化によって近隣とのつながりが希薄化し，また，近所の手ごろな遊び場が減少し，子ども同士で戸外で遊べる環境が減少し，屋内でのテレビゲームや，また，幼少期からの塾通いが増加している。さらに，交通事故や犯罪に巻き込まれる危険性も増大している。

　家族の変化では，核家族化・小家族化が進展し，家庭での人間関係が単純になり，家庭生活を送る中で子どもが人間関係を学ぶ機会が少なくなった。さらに近隣関係の希薄化によって，子育ての支援が得にくく，結果として，家族システム・レベルでは，仕事と子育ての両立の困難さと，育児家庭の孤立化が挙げられる[24]。詳細については次節で触れるが，このような変化が，子どもの成長・発達や家族のあり方，親子関係に影響を与えていることを常に念頭に置くことが求められている。

## 5．子どもと家族の関係を阻害するもの

### （1）子どもと家族

　子どもは多様な環境の中でさまざまな経験をし，成長していくが，ほとんどの子どもにとって最も身近な環境は養育者である親や家族である。子どもはまず家族の中で生まれ育ち，親から無

条件に受け入れられ，また，基本的欲求を満たしてもらい，親に対する基本的信頼感を獲得する。この親子関係における信頼関係が親子関係の基盤を形成する。子どもと親の関係が信頼関係に発展するためには，親が子どもの要求を敏感に捉え，子どもの要求に対応することが重要で，子どもの泣きなどのサインを捉える応答性が求められる。

さらにこのような信頼関係を基盤にして，基本的な生活習慣や自己肯定感，社会性を身につけていく。しかし，そのような親と子の相互作用を困難にし，親子関係形成や子どもの発達を阻害する要因がいくつか挙げられる。マクロレベルでは前節で述べた社会やコミュニティの変化が影響しているが，楠凡之は対人関係における「気になる子ども」の直接的な要因として神経生理学的未成熟，注意欠陥/多動性障害や高機能自閉症などの発達障害と，児童虐待および不適切な養育を挙げている[25]。

### （2） 育てにくさと障害

気になる子どもについては，出生時からの育てにくさが指摘されることが多い。具体的には，①周りからの働きかけや刺激を受け止める力が弱い，②周りからの働きかけに応える力が弱く，また，その方法（表現）に乏しい，③周りに働きかける力が弱く，また，その方法（表現）に乏しいことが挙げられている[26]。そのことが親―子ども間の応答性の齟齬を生じさせ，環境からの適切な刺激を受けられず，発達に何らかの影響を与えることが考えられる。

このような育てにくさの要因の1つとして，子どもが何らかの障害をもっていることが挙げられ，先述の平澤らの調査[27]によれば，困った行動・気になる行動を示す子どもの特性として発達障害（知的障害，自閉症，注意欠陥/多動性障害，学習障害）を有する子どもが約25％を示しており，また，乳幼児期における知的障害以外の発達障害の診断の困難さが指摘されていることから潜在的な数の多さを示唆している。

自閉症児は対人的相互反応における質的な障害，コミュニケーションの質的障害，反復的で情動的な行動様式を有し，また，注意欠陥/多動性障害や学習障害の子どもは他者との関係を求めつつも，対人関係や集団活動の維持に困難性があると指摘され，対人関係においては全ての障害において問題が生じることが指摘されている[28]。

さらに周囲からの理解が得にくいため，子どもの言動が非難や叱責の対象になる可能性が高く，自己評価・自尊心が低くなり，二次障害に陥りやすいことも指摘されている。

### （3） 児童虐待

周知のように，親などからの虐待は，子どもの成長・発達にさまざまな否定的影響を与える。詳細な影響については，表1-1に譲るが，身体的発達への影響，知的発達への影響，PTSD，対人関係上の問題，感情・感覚の調整障害，などが指摘されている[29]。

児童虐待の原因として，柏女[30]は，①親の生育歴を含めた親自身の問題，②夫婦関係や家族の病気，単身赴任などのストレスに満ちた家庭状況，③近隣や親族を含めた社会からの孤立状況，④よく泣く，なだめにくい，その他いわゆる手のかかる子，育てにくい子など子どもの要因，⑤

表1-1 虐待を受けた子どもに見られる症状

| 身体面 | 行動面 | 精神・神経面 |
|---|---|---|
| 1）低身長・低体重・成長障害 | 1）過食・盗食・異食・食欲不振 | 1）運動発達の遅れ |
| 2）皮膚外傷 | 2）便尿失禁 | 2）情緒発達の遅れ |
| 3）骨折・脱臼・骨端破壊 | 3）常同行動 | 3）言語発達の遅れ |
| 4）火傷 | 4）自傷行為 | 4）抑うつ |
| 5）頭部外傷 | 5）緘黙 | 5）不眠 |
| 6）内臓損傷 | 6）虚言 | 6）過敏 |
| 7）脊椎損傷・麻痺 | 7）盗み・万引き | 7）体が硬い |
| 8）網膜剥離などの眼症状 | 8）家出徘徊 | 8）無表情 |
| 9）栄養障害・飢餓 | 9）いやがらせ | 9）無気力 |
| 10）けいれん・てんかん | 10）集団不適応 | 10）頑固 |
| 11）下痢・嘔吐・消化不良 | 11）火遊び・放火 | 11）気分易変 |
| 12）循環障害 | 12）だらしなさ | 12）おちつきがない |
| 13）凍傷 | 13）いじめ | 13）人との距離がない |
| 14）歯牙欠落・舌損傷 | 14）器物破損・暴力 | 14）大人の顔色をうかがう |
| | 15）性的逸脱行動 | 15）転換・解離現象 |
| | 16）自殺企図 | 16）パニック |
| | | 17）心因性疼痛 |
| | | 18）チック |
| | | 19）不定愁訴 |
| | | 20）希死念慮 |

出典：田中康雄（2005）「発達障害と児童虐待（Maltreatment）」『子どもの虐待とネグレクト』7（3），p.306

いわゆる母子分離体験，相性の悪さといった親と子どもとの関係をめぐる状況というように子どもを取り巻くミクロからマクロまでの環境との関係を挙げている。

### （4） 不適切な養育—生活のリズムの乱れ

現代の家庭では基本的生活習慣そのものが崩れてきていることも懸念される。例えば，P&Gパンパース赤ちゃん研究所の調査では，乳幼児の生活が大人の生活に合わせて夜型化している状況が見えてきた[31]。0〜4歳の子をもつ母親の521人に「子どもを夜9時以降に連れ出したことがあるか」と質問したところ，26％が「ある」と答えた。外出先は多い順に，コンビニエンスストア，スーパーマーケット，レンタルビデオ店，中には，居酒屋やゲームセンターという回答もあった。

このことはほんの一例に過ぎないが，親が子どもと一緒に夜更かしをして睡眠不足のまま幼稚園や保育所に登園したり，中には眠ったまま親に抱かれて登園する子どもが増加している。そのため，朝食をとらない子どもも増え，結果として，生活リズムの乱れとなり，元気がない，ぼんやりしている，機嫌が悪い，感情のコントロールができない状態になることが考えられる[32]。

柏女は，前述した社会・地域・家族の変化に伴うなどの子どもへの影響を総称して，「子どもたちが主体的に遊び，自らの可能性を開花させ，生きる力の基礎を育成することのできる「三間の

縮小化」[33]と指摘する。三間とは，すなわち「仲間（人間関係）」「空間（居場所）」「時間（ゆとり）」である。いわば「生きること」「生活すること」そのものへ悪影響を与えたといえるだろう。

これらの変化は，子どもの身体への影響だけではなく，親子関係，親同士の関係，子ども同士の関係，地域住民同士の関係などの人間関係の希薄化，そしてそれに伴って，子どもの社会性を育む機会を奪い，うまく対人関係が結べないという関係性の問題へと集約されたといっても過言ではない。

## 6．人間関係を育む場としての保育所

このような状況において，多くの子どもが家族を離れて初めての集団生活を送る保育所や幼稚園の役割は極めて重要になってきている。子どもたちがこれらの場で集団生活をする最も重要なメリットの1つは，他の子どもとの相互作用を通して成長・発達していくことにある。それが可能となるように，これらの場所が子どもの健全な成長・発達にとって機能的な環境となる必要がある。

そのためにはまず第1に，子どもの育ちをミクロからマクロの環境の相互作用から捉え，援助を行う必要がある。保育における環境（保育環境）とは何かについては，さまざまな議論があるが，保育所保育指針（1999）においては「保育の環境には，保育士や子どもなどの人的環境，施設や遊具などの物的環境，さらには，自然や社会の事象などがある」と分類されている。この環境の分類は，主として子どもが直接接する環境を指しているが，これまでの議論を踏まえて，待井和江による「就学前の乳幼児の育ちに関わる外的影響の総体」[34]という定義を援用する。

もちろん，実際の保育では，保育所保育指針の分類のような保育所における仲間関係や保育士との関係，家庭での親子関係といったマイクロシステムが中心になるが，子どもたち一人ひとりを共感的に理解しながら保育を行うためには，個々に異なる環境を多様なシステムから捉え，その関連性について考えることは重要である[35]。

そして第2に，保育にあたっては「保育者が子どもとの信頼関係を築きながら豊かな環境を創造することによって子どもの主体性・自主性を引き出していく保育（ここでいう環境とは単なる物ではなく，子ども自身が好奇心や意欲をもって能動的にかかわろうとする『もの』や『ひと』や事象や生活である）」[36]，すなわち「環境による保育」が重要となる。そして社会性発達を育てるにあたっては，特に人的環境との相互作用が重要となる。

子どもにとって保育士も環境の一部であるが，保育士は環境を創造し，それを支える者である。その最も根幹的な部分は，保育士が子どもに愛情をもって接し，子どもに共感し，寄り添い，信頼関係を構築することである。そうすることで子どもは保育士を基点にして，その環境の中を探索していくのである。さらに，後述するが保育士との関係が安定し，信頼関係が結ばれることで，不安定な親子関係が好転する場合も多い。

また保育士とのかかわりと同様に，他児とのかかわりが重要になってくる。社会性の発達を考えるならば，人的環境としての他児の役割は極めて大きく，子どもの発達に伴ってその比重は大きくなってくる。その基本が幼児期に形成されるのである。保育所では同じくらいの年齢の子ど

もたちと接する中で自分中心ではなく，折り合いをつけながら，同輩と付き合う態度や技能を獲得していく必要がある。特に子どもの遊びが社会性発達に与える影響は大きく[37]，このようなプロセスを保育士は意識して援助していく必要がある。

そこで，第2章以降では，保育士，子ども，そして親も含めた保育所における社会性，特に対人関係について考察する。

**【引用文献】**

1) 瀧井宏臣（2004）『こどもたちのライフハザード』岩波書店
2) 正木健雄（2002）『データが語る子どものからだと心の危機』芽ばえ社
3) 前橋明（2004）『いま，子どもの心とからだが危ない』大学教育出版
4) 正木健雄（1997）「『新しい荒れ』をどう見るか」村山士郎編『荒れる学校，キレる子ども』桐書房
5) 矢藤優子（2005）「気になる子どもの行動とその背景（第6章第3節）」大日向雅美・荘厳舜哉編『〈実践・子育て学講座〉③ 子育ての環境学』大修館書店
6) 本郷一夫・澤江幸則・鈴木智子・小泉嘉子・飯島典子（2003）「保育所における『気になる』子どもの行動的特徴と保育者の対応に関する調査研究」『発達障害研究』25（1），pp.50-60
7) 平澤紀子・藤原義博・山根正夫（2005）「保育所・園における『気になる・困っている行動』を示す子どもに関する研究―障害群から見た当該児の実態と保育者の対応および受けている支援から―」『発達障害研究』26（4），pp.256-267
8) 遠藤利彦（2004）「子どもに育てたい社会性とは何か」『児童心理』58（2），pp.1-9
9) 8）前掲論文，p.2
10) 9）前掲論文に同じ
11) 繁多進（1991）「社会性の発達とは」繁多進・青柳肇・田島信元・矢澤圭介編『社会性の発達心理学』，福村出版，p.11
12) 11）前掲論文に同じ
13) 11）前掲論文に同じ
14) 松永あけみ（2004）「子どもの社会性はどう発達するか」『児童心理』58（2），p.11
15) 14）前掲論文に同じ
16) 佐藤一子（2004）「いま学校で社会性は育てられるか―地域社会・家庭とのかかわりの中で―」『児童心理』58（2），pp.22-27
17) Bronfenbrenner,U. (1979) *The Ecology of Human Development : Experiments by Nature and Design*, Harvard University Press.（= 1996，磯貝芳郎・福富譲訳『人間発達の生態学―発達心理学への挑戦―』川島書店）
18) 岡本依子・菅野幸恵・塚田―城みちる（2004）『エピソードで学ぶ乳幼児の発達心理学―関係のなかでそだつ子どもたち―』新曜社，pp.19-20
19) Bronfenbrenner,U. (1994) Ecological Models of Human Development. In Husen,T. & Postlethwaite,T.N. (eds.), *The International Encyclopedia of Education (2nd ed.)*, Pergamon Press
20) Bronfenbrenner,U. & Morris,P.A. (1995) The Ecology of Development Processes. In Domon,W. (eds.), *Handbook of Child Psychology : Vol.1 Theoretical Models of Human Development (5th ed.)*, John Wiley & Sons
21) Cater,B. & McGoldrick,M. (1999) *The Expanded Family Life Cycle (6th ed.)*, CA : Thompson Books / Cole
22) Mussen,P.H. (1990) *Child Development and Personality*, Longman Higher Education
23) 柏女霊峰（2005）『次世代育成支援と保育―子育ち・子育ての応援団になろう―』全国社会福祉協議会
24) 5）前掲論文に同じ
25) 楠凡之（2005）『気になる子ども 気になる保護者―理解と援助のために―』かもがわ出版

26) 藤原義博監修，平澤紀子・山根正夫・北九州市保育士会編（2005）『保育士のための気になる行動から読み解く子ども支援ガイド』学苑社
27) 7）前掲論文に同じ
28) 村井憲男・村上由則・足立智昭編（2001）『気になる子どもの保育と育児』福村出版
29) 西澤哲（2004）「子ども虐待がそだちにもたらすもの」『そだちの科学』2，pp.10-16
30) 柏女霊峰（2002）『子育て支援と保育者の役割』フレーベル館，p.25
31) 読売新聞（東京）朝刊 2005年3月9日
32) 5）前掲論文に同じ
33) 柏女霊峰，30）前掲書，p.20
34) 待井和江（1999）「保育における環境作りの課題」『保育の友』47（13），p.56
35) 星順子（2003）「保育環境論」佐伯一弥ら『保育学入門』建帛社
36) 齋藤政子（2006）「環境による保育」宍戸武夫・金田利子・茂木俊彦監修，保育小事典編集委員会編『保育小事典』大月書店，p.57
37) 杉浦佳世・石原金由・三宅進（1998）「子どもの遊びが社会性の発達に及ぼす影響」『児童臨床研究所年報』（ノートルダム清心女子大学）11，pp.67-72

## 【参考文献】

・今井和子・神長美津子（2003）『「わたしの世界」から「わたしたちの世界」へ』フレーベル館
・一松麻実子（2002）『人と関わる力を伸ばす―社会性が幼い子への援助法―』鈴木出版
・神山潤（2005）『「夜ふかし」の脳科学―子どもの心と体を壊すもの―』中央公論新社
・金子恵美（2002）「子ども虐待その他特別な配慮を必要とする子どもや家族に対する援助」柏女霊峰・山縣文治編『家族援助論（保育・看護・福祉プリマーズ④）』ミネルヴァ書房

## 第2章 研究のプロセス

### 1.「乳幼児社会性発達のプロセススケール」作成の過程

障害児保育を進めていく上で，次のような疑問にぶつかることが多い。①日常の障害児の変化には，既存の標準化された発達テストで評定しても変化としては捉えられない側面が存在すること，②発達遅滞児（発達の遅れが認められる子ども）が保育所のような集団場面において社会適応を獲得していくプロセス，すなわち子どもの場面適応や対人関係のとり方の変化・発達を評定する標準化された尺度が見つからないこと，③そういった変化が保育による効果であるのか，加齢による発達そのものであるのか捉えがたい等である。

そこでそういった保育場面で捉えた変化を評定できるスケールを作成することで，発達状況を知るだけでなく，評定することで次の段階への保育者の手立てを見出すことができるのではないかという見通しのもとで「乳幼児社会性発達のプロセススケール」（以下，プロセススケールとする）を作成することにした。

### 2. オリジナルプロセススケールの作成

本スケールを作成するにあたっては，「精神薄弱幼児の遊戯治療と訓練の過程」[1]を基に日常保育に携わっている保育士や発達の研究者らが子どもの行動を各項目に一つひとつ当てはめ，検討を重ねた。

前出の「遊戯治療と訓練の過程」は，大阪府が知的障害者育成会に委託して1965年より大阪府児童相談所（現在の大阪府子ども家庭センター）において実施してきたポニーの学校（在宅知的障害幼児母子通所訓練教室）の治療プロセスをスケール化したものである。ポニーの学校は，就学前の知的障害を有する幼児に対して遊戯療法を導入した集団治療訓練を，また母親に対してグループカウンセリングを実施しており，その遊戯治療の効果について我々は，「グループの治療プロセスは，各自が全くバラバラでグループとしてまとまりのない段階（Ⅰ段階）から，何らかの形でメンバー間に相互作用が働く段階（Ⅱ段階），集団行動および個人の問題が出現する段階（Ⅲ段階）を経て，グループのまとまりと落ち着きが生まれる段階（Ⅳ段階）に移行した。また，治療前後において描画能力，身辺自立（排泄，衣服の着脱）に統計的な有意な差（発達）が見られた。しかし，DQ，DA，運動能力，言語能力は優位な変化が見られなかった。」と，結論づけている。

以上の結果は，主に既存の種々のテストや調査によって効果を測定した外的な変化の測定であった。すなわち，治療前後の効果測定から治療と訓練の有効性を確認しても，それがそのまま現

実の発達につながっているかについては種々の疑問が生じる。

　発達遅滞は，特定の疾患名ではなく，種々の原因によって引き起こされた知的障害という一つの状態像であり，その病理により個人差が大きく，心理的・社会的行動に著しい差が存在する。集団として治療前後の変化を比較しても，それのみでは測定不可能な要因が多く残り，治療訓練に参加した一人ひとりの子どもの変化していく様相を把握する必要が生じた。そこで「一人ひとりのあるがままの治療過程をとらえ，個人の背後にある症状，病因，臨床行動像と効果の関係を分析する」ために治療過程の「現象そのもの」を把握し，変化していくときに共通に見られる現象を抽出・概念化する目的で治療プロセスのスケールが作成された。このスケールは，次の段階を踏まえて構成されている。

（1）　まず，1グループ5名の幼児10グループ，約50名の知的障害児の遊戯治療場面が，一定の様式シートに記録された。この観察シートにはありのままに，事実に沿って現象を記述する欄と，治療者の主観によって捉えられた事象を記述する欄が設けられている。

（2）　この記録に基づいて，知的障害児が遊戯治療と訓練の場を経験したときに生じる変化をいくつかの項目に分けて抽出し，スタッフそれぞれの臨床体験に照らしながら，成熟変化の方向に沿って段階を設けて整理する。

（3）　最初，多項目にわたっていたプロセススケールの記述を整理，修正し，最終的に10項目7段階のプロセススケールに統合された。


　10項目の具体的な意味づけについては後章に述べるが，ここでは，治療過程をどう捉えるか検討し10項目とした各項目立ての意味づけを述べる。

1．遊戯治療の観察結果の中で特に著しい変化として捉えられたのが，母親との分離時における変化であった。そこで母子分離に関する変化をまず一つの項目として挙げた。

2．新しい場面への不安，緊張の変化は，母子分離状況と同様の変化をきたすと思われがちではあるが子どもによっては全く違う変化を示す場合が見られた。

3．遊びの内容の変化は，子どもの発達レベルによって変化していくものであるが，心理的ストレスがかかっているとその変化にも影響を及ぼしていると考え一つの項目として挙げた。

4．「制限が理解される過程，自己制御ができる過程」は集団遊戯治療場面であるがゆえに他児へ危害を及ぼす可能性のある行動，時間・場所の制約等状況を理解し，あわせる力を変化として捉える必要があった。

5．感情表出は，セラピー変化の大きな要素の一つであるが，年齢的には発達との関係が大きく関与している。

6．「他児との関係，三者関係，セラピストの関係，集団への適応」の変化は，治療関係が進むにしたがって変化していくものであるが，集団をどう意識しているかということでこの3項目に分けている。


　東山紘久らの作成したプロセススケール（オリジナルスケール）は，知的障害児の遊戯治療と訓

練の過程を尺度化したものであり，遊戯治療場面という限られた環境・状況のもとにおかれた就学前の知的障害児の発達・成長プロセスであるため，このたび，保育所における乳幼児の社会性発達と重なる部分，全く違うプロセスをたどる場合を想定し，保育実践家が実際に使用してみてその整合性をはかった。

## 3．標準化の手続き

まず，大阪府社会福祉協議会研修センター主催の障害児保育ゼミナール（代表：安藤忠，1983）においてオリジナルスケールを用いて障害児保育対象の子どもたちの評価を試みた。子どもの行動を各項目に一つひとつ当てはめ，検討を重ねた（表2-1，次頁）。

10項目に関しては，保育現場での子どもの社会性発達状況変化として把握する上では妥当かつ一致点が高いと考えられ，そのままを使用することとした。その結果スケール「タイプⅠ」を作成し，同ゼミナールにおいて試用を開始するとともにS市保育所研究指定園事業の研究課題として試用・検討を行い，その結果スケール「タイプⅡ」を作成した。引き続き障害児保育ゼミナールで検討を加えた結果「タイプⅢ」（表2-2，p.16）の標準化研究を開始し，1991年大阪府下26保育所において第1次調査集計，1992年第2次調査集計・結果分析を行った。

### （1） 調査結果
#### 1）基本解析データ

第2次調査で対象とした子どもは，最小月齢13ヶ月から最大月齢79ヶ月までの1,092人で，中央値は49ヶ月，平均月齢は50ヶ月であった。このうち，男児は583人（53.4％）で，女児は509人（46.6％）であり，男児のほうが7ポイント多い。対象の月齢別男女別人数を表2-3に示す。

**表2-3　対象の月齢別男女別人数**

| 調査 \ 月齢 | 13～24 | 25～36 | 37～48 | 49～60 | 61～72 | 72～ | 合計 |
|---|---|---|---|---|---|---|---|
| 1次調査 | 95 | 182 | 252 | 250 | 234 | 122 | 1,135 |
| 2次調査 | 89 | 177 | 244 | 238 | 224 | 120 | 1,092 |
| 　男児 | 44 | 97 | 136 | 127 | 123 | 56 | 583 |
| 　女児 | 45 | 80 | 108 | 111 | 101 | 64 | 509 |

注）第1次調査は，1991年10月～11月に実施，また発達に問題のある子どもについては1992年10月～11月に再調査し，最終的に判断した。

#### 2）多変量解析による主成分分析結果

多変量解析により主成分の分析を行った結果（表2-4，p.18），第1主成分として項目C，E，F，G，H，I，Jを，また第2主成分として項目A，Bを，さらに第3主成分として項目D，Eを得た。私たちはまた，それぞれの主成分が示す意味合いを，以下のように考えている。

　　　第1主成分　　　C，E，F，G，H，I，J……集団生活の見直し，集団参加の総合力
　　　第2主成分　　　A，B……………………………個体（個別）化，集団への慣れ
　　　第3主成分　　　D，E……………………………社会的ルール，自己の緊縮力

表2-1 オリジナルスケール

| 段階＼項目 | A. 母親から分離していく過程 | B. 不安感、緊張感の減少過程 | C. 遊びの発展過程 | D. 制限が理解されていく過程 | E. 自己制御ができていく過程 |
|---|---|---|---|---|---|
| 1 | 前分離段階。母親と分離したことを意識していない段階で分離はスムーズに行われる。 | 新しい場面においても無表情ですぐに遊び始めたりする。 | 瞬間に移りゆく興味に任せて、何かを見つけたり、自分の身体をもてあそんだりする。自閉的な一つのことを固執して行っている。 | 制限されたということを全く理解しない。制限に対しては無反応である。 | 自己の衝動に任せて行動する。周囲の状況判断が全くできない。 |
| 2 | 分離したことがなんとなく分かり、急に不安になって母親からいったん離れられなかったり、泣きだしてしてプレイルームの外へ出たがったりする。 | 極度の不安状態に陥り、おびえ、悲鳴をあげたり、嘔吐などの不安の身体的表現もある。 | 2・3分おきに異なる行動をし、しかも遊びとはいえないようなまとまりのない未分化な行動である。 | 制限を理解していないが、制限しているセラピストを見たり、一瞬動きを止めたりする。 | セラピストがからだを押さえたり、押しとどめたりすることによってはじめて自己の衝動を抑えることができる。 |
| 3 | 母親と離れることを極度に恐れしがみついたりして分離は不可能である。 | かなりの不安。緊張が見られプレイルームの中をうろうろしたり、遊びが手につかない。 | 他に興味を引かれるにもかかわらず、引っ込み思案のため余儀なく一つの遊びをしている。 | 制限されることが感覚的に理解され、からだを制止されたり、セラピストの声の大きさ、表情によって従う。 | セラピストが言語で制止すると衝動を抑え、状況に合う行動をとることができる。 |
| 4 | 母親のそばを離れようとしたいがセラピストが抱いたり手を貸すと母子分離が可能になる。 | 少し不安があり、音、物の動きに対して敏感である。 | 時間が短かったり、他の遊びに興味が移りやすいが、自分の興味ある遊びを少し継続できる。 | 夢中になっている時以外は、セラピストの言語による制限に従う。 | したいことをするという要求を過度に抑制し、動きがとれなかったり、セラピストが言語で制止すると状況にあった行動がとれる。 |
| 5 | 分離はできるが母を振り返って母親の様子をみたり、なんとなく落ち着きがない。 | セラピストがそばにいたり、治療開始数回たった後などは自由の遊びができるようになる。 | かなりの時間継続して遊ぶ。まとまりのある一つの遊びができることがある。 | セラピストが言語で制限するとそれに従うことができる。 | 今まで抑止していたものが急に表出され、時にはaggressiveになったりする。場面によっては、自己制御できる。 |
| 6 | 母親と分離することがわかっていて分離が可能である。 | 場面が極度に騒迫しない限り、のびのびのびのびと自分の遊びに集中できる。 | 興味を集中させて継続的に自分の遊びを行っている。 | 言語による制限の意味を理解し、制限された行為を制止する。 | 場面に適合した自己制御ができるようになる。 |
| 7 | 自由でのびのびとしていて、自分のびのびに集中できる。 | 自由にのびのびしていて、自分のびのびに集中できる。 | 完全に一つの遊びにまとまっていて、しかも統一した方針で遊びをすすめていくことができる。 | | 適切な自己制御ができ、自由でのびのび行動している。 |

(表2-1 オリジナルスケールの続き)

| 項目段階 | F. グループに適応していく過程 | G. 他児との関係が深まる過程 | H. 三者関係が成立する過程 | I. セラピストとの関係が深まる過程 | J. 感情が開放されていく過程 |
|---|---|---|---|---|---|
| 1 | グループの動きには全く無関心で、ひとりで遊んでいるか、セラピストと遊んでいる。 | 他児の動きには全く無関心である。 | セラピストと他児とには全く無関心である。 | セラピストとの関係は遠く、何ら心理的関係は生じていないように思われる。セラピストの働きかけには無関係かのように行動している。 | 全く感情を表出しないで、無表情である。 |
| 2 | 他児の遊びを傍観しているだけで、一緒に遊ばないが、それだけの他の持ちの上では参加している。 | 他児の激しい動き、大声などのみに関心を示し、その他のものには無関心になるので、自己中心的行動が多い。 | セラピストと他児が一緒にいると注目するが、それだけである。 | セラピストに全人格を預けてしまっているような関係であるが、思い通りに動かして、何ら不安を感じない。 | 未分化な感情（漠然とした喜び、不安、敵意）が表れる。 |
| 3 | 他児の遊びを見ていてとても同じようなことをやってみるが、他児に関心を示しにくなるとか、孤立した活動が多い。 | 個人的な関係はないが、グループの雰囲気に影響される。他児の動きが激しくなると自分も同じように動いたりする。 | セラピストと他児が遊んでいると、中に割って入ったりするが、他児の存在をあまり意識していない。 | セラピストと他児を区別し、セラピストを特別な人として認知しているが、セラピストに近づくことができない。 | 喜怒哀楽の感情を単純に表出する。物が当たって痛いと一緒に怒りをぶつけたりする。 |
| 4 | 並行遊び。遊ぶ道具は同一であるが、一緒に遊ぶのではなく、並んで遊ぶ。 | 他児のおもしろそうな遊びを真似るが、他児との交流はほとんどない。 | セラピストと一緒に遊んでいる他児に注目して、その子どもと同じようにセラピストにかかわろうとする。 | 漠然と、セラピストを安心できる大人としてとらえ、セラピストの側に行こうとしたり、自分の行動をセラピストに示そうとする。 | negativeな感情を抑圧してしまい表面的には笑ったり平気を装ったりする。他児が泣いたりすると一緒になって泣くことがある。 |
| 5 | 連合的遊び。他児と一緒に遊ぶ。グループの中のすべての子どもたちにしても、一つの同一の活動でなくても、ほぼ類似した組織的活動ができる。 | セラピストの援助をかりに遊具をゆずりあったり、一つの組織的な遊びを一緒にしたりする。 | セラピストを独占しようとし、他児を嫉妬の対象としてとらえる。 | セラピストに対してgetting attention behaviorが多く示される。セラピストの援助のいずれかは支配的か服従的かのいずれかである。 | アンビバレントな感情が表出され、時には感情の爆発が生じることがある。 |
| 6 | セラピストの援助と一緒に物を作ったり、ゲームをするような組織的なグループの中で遊べる。 | 友人からの積極的な働きに応じたり、自らも他児に働きかけようとする。 | セラピストと他児とともに一つの遊びをともにする。 | セラピストを信頼できる大人としてとらえ、子どもは自分自身の行動、遊びができるようになる。 | はっきりと焦点づけられ、positiveな感情、また、negativeな感情が表れる。 |
| 7 | セラピストの援助がなくても、協同遊びができる。 | 他児をリードし、積極的に友人関係を作ろうとする。 | セラピストと他児が一緒に遊んでいて、それを理解し、セラピストと他児の関係の定着することができる。他児、自己の関係をつけている。 | セラピストとの関係は自由で開放的であり、その関係の中でのびのびと自己を表現できる。 | |

表2-2 乳幼児社会性発達のプロセススケール（乳幼児社会性発達評価票；タイプⅢ）

| | A. 母親から分離していく過程 | B. 不安感、緊張感の減っていく過程 | C. 遊びの発展過程 | D. 制限が理解されていく過程 | E. 自己制御ができていく過程 |
|---|---|---|---|---|---|
| 1 | 分離以前の問題。母親と分離したことを認識せず、母親との愛着が成立していない状態（分離はスムーズ）。 | 新しい場面においても、特に不安感や緊張感を感じずに、無表情ですぐに遊び始める。 | 偶然に触れた物は持ったり舐めたりするが、自分から求めて物に関心を示すことはない。身体に触れられたり、描すったりする程度の興味。 | 制限に対しては無反応で制限を全く理解しない。 | 自己の衝動にまかせて行動する。 |
| 2 | 一日分離しても急に不安になって、母親にしがみつき離れないようとしかたり、急に泣き出して保育室から出ようとする。 | 極度の不安状態に陥りおびえて悲鳴をあげたり、泣き叫ぶ、嘔吐する、失禁するなど強い不安の身体的表現が見られる。 | 物に向かう気持ちは出てきているが、長続きせず次々と手を出す、あるいはじっと注視するだけ。 | ダメと言われてもその保育者を見たり、動きを一旦やめたりするが判断はある程度でき、指向性が芽生える。 | 動きは衝動的だが、周囲の状況判断はある程度でき、指向性が芽生える。 |
| 3 | 母親と離れることを恐れ、しがみついたり分離されることを拒否する。 | 涙ぐんだり保育所の中をうろうろするなど、かなりの不安や緊張が見られ、遊びが手につかない。 | 物への関心や操作が高まっているが、その物の用途に応じた遊び方はできない。 | ダメと言われたことが感覚的に理解され、そのときはやめるが、また同じことを繰り返す。 | 手さし、指さし、声で自分のやりたいことを伝えようとしたり、行きたいところに直線的に行く。 |
| 4 | 登所前に保育所に持っていく物（例えばパン）を見たり、保育所に近づくと、母親と離れることを予想して泣いたり、登所を嫌がる。 | 隅のほうにいて、自分が安心してきる物（移行対象）を持ったり、母親と離れることをまぎらして全体の様子を眺めたりしている。 | 身近な大人と、与えられた行動を共有する（イナイイナイバー、コチョコチョコチョなど）。 | ダメと言われることで一応やめられる。 | 相手の反応や障害物などに応じて自分の動き方を変える。 |
| 5 | 母親と離れることを嫌がったり、泣いたりしているが保育者に抱かれるなどしているうちに落ち着く。 | 保育者と手をつなぐなど、大人との身体接触で安定する。 | 身近な大人の動きや歌の振りを模倣する。興味の持続時間は短い。 | 制止されるとすねたり、パニックになったりする。 | 簡単な言いつけが実行できる（「いただきます」まで待てる）。 |
| 6 | 自分からは母親の側を離れようとしないが、母親が抱いたり手をかすと母子分離ができる。 | そばにある物に手を伸ばして遊ぶが少し不安が残り、音や物の動きに対し敏感に反応する。 | 身体のイメージが先行し、それに自分のイメージを合わせる、他の子どもと物を取り込んで遊ぶ、見立て遊びが見られる。 | その場で具体的な言葉で制止されると従うことができるが、時には駄々でこねようとしたりする。 | 自分の欲しいものを強く要求したり、いやなことにはっきり「いや」と言う。 |
| 7 | 分離はできるが、後ろを振り返ったり、保育者がそばにいると、自分の保育場面では時々思い出して泣く。 | 登所後しばらくは緊張が見られるが、保育者や母者がそばにいると、自分のペースで遊ぶことができる。 | もつもり（自分のイメージ）ができ、それにあった物や動きを自分で選択する。他児と遊ぶが、長続きしない。 | 言葉による制止は理解しきる上で衝動が抑えられず、「だめ」よりと言いながらやってしまうことがある。 | 新しくできるようになったことや、自分の気に入ったことに対する他人の介入を拒む。 |
| 8 | 自分から離れて登所することができるが、日常と場面の変化があると不安や緊張を示すことがある。 | 自分のペースで遊びすすむが、場面の変化に敏感として緊張を示す。 | お母さんごっこなど役割を理解しており、それにあった遊びをとしている、長続きしない。 | 制限の意味を理解しているので、制限を守ろうとするが、長続きしない。 | 集団の中で順番を守ることができるようになる。 |
| 9 | いつもは自分から分離できるが、発表会や運動会のといつもと状況が違うことは母子分離が難しい。 | 場面が極度に騒然としたりしない限り、不安や緊張は見られない。 | いろいろな材料を使って、自分のイメージにあった場面を構成する遊びをする（例えば積み木で家を作る、砂場で山や川を作る）。 | 制限の意味を理解し、言い聞かせると自分から抑えようとするが、気に入らないと抵抗できる。 | 相手の求めていることに応じて譲ったり、我慢したりできるが、理不尽なことには抗議する。 |
| 10 | 母親と分離することがわかっていて、しかも、分離可能である。 | 自由で伸び伸びとしていて、自分の遊びに集中できる。 | ごっこ遊びやルールのある遊びに遊ぶ、持続的、自主的、競い合うおもしろさなどに熱中する。 | 日常的な決まりは、いちいち言われなくても守ることができる。 | 適切な自己制御をしながら自分の目標を実現できる。 |

## 3. 標準化の手続き

(表2−2 乳幼児社会性発達のプロセススケール(タイプⅢ)の続き)

| | F. 感情の表出過程 | G. 集団に適応していく過程 | H. 保育者との関係が深まる過程 | I. 他児との関係が深まる過程 | J. 三者関係が成立する過程 |
|---|---|---|---|---|---|
| 1 | 感情の表出はほとんど見られず、無表情に近い。 | 集団の動きには全く無関心。 | 保育者との関係は遠くて、保育者の働きかけには無関心。 | 他児の動きには全く無関心。他児からの働きかけにも無反応。 | 保育者と他児との関係には全く無関心である。 |
| 2 | 未分化な感情(例えば不安や怒り)が表現されるが、生理的な条件に左右されやすい。 | 集団の激しい動き、楽しそうな雰囲気には時折関心を示し、離れたところから見ていることがある。 | 保育者の感覚(身体運動)レベルの動きに応じるが、保育者を意識するあまり、働きかけに対し、極度の不安、緊張を示す。 | 他児の激しい動き、大きな声のみ注視する。他児からの働きかけに不快感を示したり、微笑んだりの情緒表出が見られる。 | 保育者と他児の特別なかかわりをしている(楽しそうに話をしている、叱られる)ときのみ注目する。 |
| 3 | 社会的微笑や人見知りなど状況に応じた単純な感情表出が見られる。 | 集団や人見知りに寄って来たりするが、集団との直接的なかかわりはない。 | 保育者の働きかけに対して消極的ではあるが、簡単なやりとりが成立する。 | 自分の周りに遊具があっても、他児の持つ物に関心が向くと、物を媒介にして単純な応答的行動を示す。 | 他児には関心はないが保育者が他児と遊んでいる姿に関心をもち、そばによってくる。 |
| 4 | 人が泣いたり喜んだりすると、それに呼応して感情が表出される(例えば他児の泣きにつられて泣く)。 | 集団の動きに呼応し興味をもつのみに呼応する。 | 何かあると保育者のところへ戻る。何か許可を得たがるなど、保育者の行動を基点に動く。 | たまたまそばにいる他児に声を出して呼びかけたり笑いかけたりするが、他児の応答的反応は確認しない。ブランコや車をかけてそれに単純な応答的反応が生じる。 | 保育者と他児を同じように注目して、両者に関心を示し、両者に割って入ってきたりする。 |
| 5 | 受け入れる。または、拒否する感情がはっきりと表出され集点化が表される。 | 保育者の援助で少しの間、集団の中に入っている、または、集団から少し離れたところで同じような動きをする。 | 保育者を安心できる大人として捉え、保育者の側へ行こうとする。自分の行動を保育者に示そうとする。 | 大人から自分がしてもらったように、泣いている他児の肩に触れ願きを込んだり、ブランコや車を押すが相手の反応に影響しない。 | 保育者と一緒に遊んでいる他児に注目して、その子どもと同じように保育者とかかわろうとする。 |
| 6 | 楽しい場面ではともに喜ぶなど、大人との感情の交流がもてる。だだこねても、ちょっとした働きかけで気持ちの転換は容易。 | 集団の中で同じように行動しているが、お互いのかかわり合いはほとんどない(並行遊び)。 | 保育者の注意を引こうとし、わざと叱られるような行動をとる。 | 他児が遊んでいる様子を見る。他児からの働きかけに積極的な反応を見せる。大人の援助があれば応じる。 | 他児と遊んでいる保育者の注目をあびるために、わざと関心を引くような行動に出るが、三者関係にはなれない。 |
| 7 | 感情がうまく表出できないときには、すねたり、ふくれたり、ふざけたりする。 | 集団の動静に関心を示す。同年齢のかかわりよりも、低年齢の集団におけるかかわり合いをする。 | 保育者が見ていてくれるとかなり冒険を試みたり、自己主張をすることができる。 | 他児に積極的にかかわり合う。動きは大人の援助などにおいてお互いに影響される。 | 保育者を独占するため、他児を排除しようとする。 |
| 8 | アンビバレントな感情(葛藤)をコントロールしようとするがうまくいかず、くやし泣き、引きこもり、または時には感情の爆発が生じる。 | 同年齢集団をコントロールし、うまく進んでいけるような集団活動ができる。 | 保育者からよい評価を得るため、進んでお手伝いなどをする。 | はっきりした意図をもって他児に働きかけるが、うまくいかずに反対の行動に出たり、けんかになったりする。 | 保育者の働きかけがなければ、保育者、他児、ともに遊べる。 |
| 9 | 感情を努力してコントロールしようとする(例えば自ら理由づけしたり、他へ転嫁する)。 | 保育者の援助なく、他児と一緒に制作やゲームなどの組織的な遊びや集団活動ができる。 | 保育者を信頼できる援助的な大人として捉え、自分自身の行動や遊びに生かせるようになる。 | 他児の反応を予期して積極的に働きかけたり、他児からの働きかけにうまく応じるようになる。 | 働きかけがなくても、保育者と他児に一つの遊びをする。 |
| 10 | 状況に応じて感情をコントロールでき、安定した形で豊かに表現する。 | 保育者の援助がなくても、自由で開放的な組織的な集団活動ができる。 | 保育者との関係であっても、自由でのびのびとした自己を表現できる。 | 他児をリードし思いやられる。親しい友人関係を成立させる。 | 保育者、他児、関心づけができ、自己の関係の中で自在に動く。 |

さらに，単位変量分析および度数分布から，通常の条件下では各々の項目の各段階に与えられた各数値は，加齢とともにほぼ等間隔で漸増し，結果的に年齢に対応する一定の発達段階が定められた。

以上の結果をもって，レーダーチャートを作成し，(A, B)→(D, E)→(C, F, G, I, J, H)の順で記載することとした。これは，母子関係が仲間関係の基礎にあるとする既成説的見解を重視し，可視化したもので，母親→保育士（保育所における母親的存在・安心できる大人）→仲間への関係拡大（H, J, I）を左回りに把握できるように工夫したものである。

表2-4 主成分分析の結果

|  | 第1主成分 | 第2主成分 | 第3主成分 |
|---|---|---|---|
| 項目A | 0.65881 | 0.62319 | 0.28475 |
| 項目B | 0.68572 | 0.58582 | -0.23353 |
| 項目C | 0.88248 | -0.02748 | 0.08874 |
| 項目D | 0.86190 | -0.21365 | 0.25920 |
| 項目E | 0.87052 | -0.16602 | 0.24071 |
| 項目F | 0.86296 | -0.13643 | 0.06394 |
| 項目G | 0.88281 | -0.09003 | -0.04460 |
| 項目H | 0.85066 | -0.09202 | -0.32676 |
| 項目I | 0.90833 | -0.10299 | -0.10869 |
| 項目J | 0.88329 | -0.10224 | -0.20134 |
| 固有値 | 7.036646 | 0.861753 | 0.433822 |
| 比率 | 0.5412 | 0.0662 | 0.0333 |
| 累積比率 | 0.5412 | 0.6074 | 0.6407 |

表2-5 各項目の段階別月齢別分布
A．母親から分離していく過程 (%)

| 段階 月齢 | 1 | 2 | 3 | 4 | 5 | 6 | 7 | 8 | 9 | 10 |
|---|---|---|---|---|---|---|---|---|---|---|
| 13〜24 | 1.1 | 1.1 | 2.2 | 9.0 |  | 31.5 | 5.6 | 2.2 | 31.5 | 15.7 |
| 25〜36 |  |  | 0.6 |  | 5.1 | 13.7 | 4.5 | 5.6 | 35.6 | 37.9 |
| 37〜48 |  |  |  | 0.4 | 3.3 | 2.9 | 9.7 | 2.9 | 38.5 | 48.3 |
| 49〜60 |  |  |  |  |  | 1.3 | 5.0 | 3.8 | 23.5 | 66.4 |
| 61〜72 |  |  |  |  |  |  | 0.4 | 0.4 | 13.8 | 85.3 |
| 73〜79 |  |  |  |  |  |  |  | 1.7 | 6.7 | 91.6 |

B．不安感，緊張感の減少過程 (%)

| 段階 月齢 | 1 | 2 | 3 | 4 | 5 | 6 | 7 | 8 | 9 | 10 |
|---|---|---|---|---|---|---|---|---|---|---|
| 13〜24 | 1.1 | 3.4 |  | 5.6 | 15.7 | 1.1 | 13.5 | 31.5 | 15.7 | 12.4 |
| 25〜36 |  | 0.6 |  | 1.1 | 5.1 | 1.7 | 15.3 | 23.7 | 24.9 | 27.7 |
| 37〜48 |  |  | 0.4 |  | 2.8 | 0.8 | 10.2 | 29.5 | 26.2 | 29.9 |
| 49〜60 |  |  |  |  | 2.1 | 0.8 | 5.5 | 23.9 | 32.4 | 35.3 |
| 61〜72 |  |  |  |  |  |  | 1.3 | 20.5 | 29.5 | 48.7 |
| 73〜79 |  |  |  |  |  |  |  | 9.2 | 25.0 | 65.8 |

(表2-5 各項目の段階別月齢別分布の続き)

### C．遊びの発展過程 (%)

| 月齢＼段階 | 1 | 2 | 3 | 4 | 5 | 6 | 7 | 8 | 9 | 10 |
|---|---|---|---|---|---|---|---|---|---|---|
| 13～24 | 1.1 | 2.2 | 7.9 | 14.6 | 47.2 | 13.5 | 13.5 | | | |
| 25～36 | | 0.6 | 1.1 | 1.1 | 11.3 | 22.0 | 44.6 | 9.0 | 7.9 | 2.7 |
| 37～48 | | | | | 2.0 | 13.1 | 32.0 | 20.5 | 20.5 | 11.9 |
| 49～60 | | | | | 0.8 | 6.3 | 13.0 | 25.8 | 34.9 | 15.1 |
| 61～72 | | | | | | | 6.7 | 13.4 | 32.1 | 47.8 |
| 73～79 | | | | | | | | 7.5 | 19.2 | 73.3 |

### D．制限が理解されていく過程 (%)

| 月齢＼段階 | 1 | 2 | 3 | 4 | 5 | 6 | 7 | 8 | 9 | 10 |
|---|---|---|---|---|---|---|---|---|---|---|
| 13～24 | 3.5 | 10.1 | 33.7 | 14.6 | 18.0 | 10.1 | 7.9 | 1.1 | 1.1 | |
| 25～36 | | 2.8 | 6.8 | 10.7 | 11.9 | 25.4 | 24.9 | 6.8 | 8.4 | 2.3 |
| 37～48 | | 0.8 | 1.6 | 4.9 | 5.3 | 12.3 | 33.6 | 19.8 | 13.9 | 8.2 |
| 49～60 | | | 1.3 | 0.8 | 2.1 | 9.7 | 18.5 | 16.4 | 29.4 | 21.8 |
| 61～72 | | | | 0.4 | 2.2 | 3.6 | 12.9 | 16.5 | 29.9 | 34.4 |
| 73～79 | | | | | | | 3.3 | 10.8 | 25.0 | 60.8 |

### E．自己制御ができていく過程 (%)

| 月齢＼段階 | 1 | 2 | 3 | 4 | 5 | 6 | 7 | 8 | 9 | 10 |
|---|---|---|---|---|---|---|---|---|---|---|
| 13～24 | 6.7 | 1.1 | 23.6 | 11.2 | 15.7 | 20.2 | 16.9 | 3.4 | 1.1 | |
| 25～36 | | 0.6 | 1.7 | 2.8 | 10.7 | 27.7 | 31.1 | 11.9 | 13.0 | |
| 37～48 | | | | 0.4 | 5.7 | 20.1 | 29.5 | 19.7 | 20.5 | 4.1 |
| 49～60 | | | | 0.4 | 2.5 | 9.2 | 13.0 | 33.6 | 31.5 | 8.4 |
| 61～72 | | | | 0.4 | 0.9 | 5.4 | 3.6 | 17.9 | 51.3 | 20.5 |
| 73～79 | | | | | | 0.8 | 0.8 | 9.2 | 40.8 | 48.3 |

### F．感情の表出過程 (%)

| 月齢＼段階 | 1 | 2 | 3 | 4 | 5 | 6 | 7 | 8 | 9 | 10 |
|---|---|---|---|---|---|---|---|---|---|---|
| 13～24 | | 1.1 | 7.9 | 5.6 | 29.2 | 39.3 | 12.4 | 4.5 | | |
| 25～36 | | | 0.6 | 1.7 | 9.6 | 33.9 | 23.7 | 24.3 | 4.5 | 1.7 |
| 37～48 | | | | | 4.9 | 13.1 | 29.9 | 29.9 | 16.0 | 6.1 |
| 49～60 | | | | | 2.1 | 5.5 | 21.4 | 32.4 | 27.3 | 11.3 |
| 61～72 | | | | | | 0.9 | 18.3 | 25.0 | 34.4 | 21.4 |
| 73～79 | | | | | | | 5.0 | 15.0 | 29.2 | 50.8 |

### G．集団に適応していく過程 (%)

| 月齢＼段階 | 1 | 2 | 3 | 4 | 5 | 6 | 7 | 8 | 9 | 10 |
|---|---|---|---|---|---|---|---|---|---|---|
| 13～24 | 1.1 | 5.6 | 14.6 | 7.9 | 19.1 | 22.5 | 10.1 | 18.0 | 1.1 | |
| 25～36 | | | 1.1 | 7.9 | 7.9 | 15.3 | 10.2 | 37.3 | 20.3 | |
| 37～48 | | | | 0.4 | 0.4 | 8.6 | 5.3 | 37.7 | 41.4 | 4.1 |
| 49～60 | | | | | | 4.6 | 2.9 | 28.6 | 54.2 | 9.2 |
| 61～72 | | | | | | 1.7 | 2.7 | 13.4 | 53.1 | 29.5 |
| 73～79 | | | | | | | | 1.7 | 36.7 | 61.7 |

(表2-5 各項目の段階別月齢別分布の続き)

### H. 保育者との関係が深まる過程 (%)

| 段階<br>月齢 | 1 | 2 | 3 | 4 | 5 | 6 | 7 | 8 | 9 | 10 |
|---|---|---|---|---|---|---|---|---|---|---|
| 13〜24 | 1.1 | 1.1 | 10.1 | 43.8 | 15.7 | 9.0 | 5.6 | 1.1 | 6.7 | 5.6 |
| 25〜36 | | | 4.0 | 16.4 | 20.9 | 6.2 | 17.5 | 1.7 | 13.6 | 19.8 |
| 37〜48 | | | 0.4 | 4.9 | 12.3 | 7.4 | 16.8 | 11.1 | 23.0 | 24.2 |
| 49〜60 | | | 0.4 | 1.3 | 2.9 | 6.3 | 10.5 | 19.3 | 36.1 | 23.1 |
| 61〜72 | | | | | 0.4 | 4.0 | 5.4 | 8.5 | 44.6 | 37.1 |
| 73〜79 | | | | | | 0.8 | 0.8 | 5.8 | 29.2 | 63.3 |

### I. 他児との関係が深まる過程 (%)

| 段階<br>月齢 | 1 | 2 | 3 | 4 | 5 | 6 | 7 | 8 | 9 | 10 |
|---|---|---|---|---|---|---|---|---|---|---|
| 13〜24 | | 22.5 | 11.2 | 23.6 | 15.7 | 10.1 | 12.4 | 4.5 | | |
| 25〜36 | | 1.1 | 4.5 | 15.3 | 13.6 | 11.3 | 26.0 | 18.6 | 8.5 | 1.1 |
| 37〜48 | | | | 0.4 | 2.5 | 13.5 | 25.4 | 37.3 | 12.3 | 6.1 |
| 49〜60 | | | | | 0.4 | 3.4 | 23.9 | 34.9 | 26.1 | 11.3 |
| 61〜72 | | | | | | 1.3 | 9.8 | 32.1 | 39.7 | 17.0 |
| 73〜79 | | | | | | | 1.7 | 15.8 | 35.8 | 46.7 |

### J. 三者関係が成立する過程 (%)

| 段階<br>月齢 | 1 | 2 | 3 | 4 | 5 | 6 | 7 | 8 | 9 | 10 |
|---|---|---|---|---|---|---|---|---|---|---|
| 13〜24 | 3.4 | 10.1 | 20.2 | 16.7 | 20.3 | 3.4 | 11.2 | 13.5 | 1.1 | |
| 25〜36 | | 1.7 | 9.0 | 8.5 | 11.3 | 4.0 | 10.7 | 26.0 | 20.3 | 8.5 |
| 37〜48 | | | 0.4 | 2.5 | 8.6 | 1.6 | 5.7 | 33.2 | 29.5 | 18.4 |
| 49〜60 | | | | 0.4 | 0.8 | 1.3 | 7.6 | 32.8 | 29.0 | 28.2 |
| 61〜72 | | | | | | 2.2 | 1.8 | 21.4 | 28.6 | 46.0 |
| 73〜79 | | | | | | 0.8 | 0.8 | 5.8 | 20.0 | 72.5 |

### 表2-6 各項目の月齢別スコア

| 段階<br>月齢 | A 母親分離 | | B 不安緊張 | | C 遊びの発展 | | D 制限理解 | | E 自己制御 | | F 感情の分化 | | G 集団適応 | | H 保育者関係 | | I 他児関係 | | J 三者関係 | |
|---|---|---|---|---|---|---|---|---|---|---|---|---|---|---|---|---|---|---|---|---|
| | P50 | P90 | P50 | P90 | P50 | P90 | P50 | P90 | P50 | P90 | P50 | P90 | P50 | P90 | P50 | P90 | P50 | P90 | P50 | P90 |
| 13〜24 | 5 | 7 | 4 | 8 | 3 | 5 | 2 | 4 | 3 | 5 | 4 | 6 | 3 | 4 | 3 | 4 | 2 | 4 | 2 | 4 |
| 25〜36 | 6 | 9 | 6 | 9 | 5 | 7 | 4 | 6 | 5 | 7 | 5 | 7 | 5 | 7 | 4 | 7 | 4 | 7 | 3 | 8 |
| 37〜48 | 7 | 9 | 7 | 9 | 6 | 8 | 5 | 7 | 6 | 7 | 6 | 8 | 6 | 8 | 5 | 8 | 6 | 8 | 5 | 8 |
| 49〜60 | 8 | 10 | 8 | 9 | 7 | 8.5 | 6 | 9 | 6 | 8 | 7 | 8 | 8 | 9 | 6 | 9 | 7 | 8 | 7 | 9 |
| 61〜72 | 9 | 10 | 8 | 9 | 8 | 9 | 7 | 9 | 7 | 9 | 7 | 9 | 8 | 9 | 8 | 9 | 7 | 9 | 8 | 9 |
| 73〜79 | 10 | 10 | 10 | 10 | 9 | 10 | 8 | 10 | 8 | 9 | 8 | 10 | 9 | 10 | 9 | 10 | 8 | 9 | 9 | 10 |

図2-1　レーダーチャート

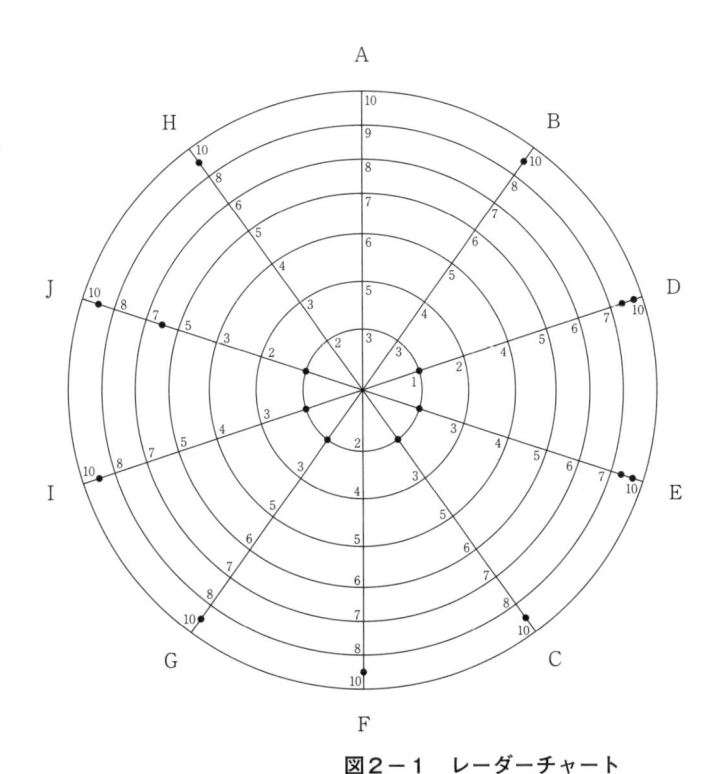

A　母親から分離していく過程
B　不安感，緊張感の減少過程
D　制限が理解されていく過程
E　自己制御ができていく過程
C　遊びの発展過程
F　感情の表出過程
G　集団に適応していく過程
I　他児との関係が深まる過程
J　三者関係が成立する過程
H　保育者との関係が深まる過程

（最内側の円は0歳レベルを，以下順に最外側の円は6歳レベルを示すと考えてよい。）

## 4．項目の構成

次に，AからJの10項目とそれぞれ10段階について，さらに詳しい解説を加える。

### （1）項目A　母親から分離していく過程

子どもが母親（あるいはそれに代わる人）を中心とした家庭生活から，保育所や幼稚園など新しい環境へ移行する際，多くは何らかの分離不安を見せるが，本項目は登所（園）時の様子をもとに母親との分離不安の減少過程を示している。

1段階と10段階は，どちらも分離不安を示さず，母親との別れはスムーズであるが，1段階は自分の側にいる大人を全く意識しないため，誰といても誰といなくても平気な状態であり，子どもは泣かないし，母親の方を目で追うこともない。このような状態は，新生児だけでなく，ある種の発達障害を有する児においても見られることがある。10段階では同じように平気な状態でもしっかり母親との分離を意識しており，母親の顔を見たり，バイバイしたりできる。2段階は分離してから気づく段階で，3段階は分離のとき，4段階はそれ以前から不安を示す段階である。5段階，6段階は，保育者との信頼関係を築く過程であり，7段階，8段階，9段階は新しい人間環境の中でもいつもの自分らしさを出していく過程である。

このように母子分離過程は，分離以前の母親や家族との愛着形成の有無が大きくかかわっており，分離不安は特に4段階〜5段階への移行時に強く見られる。

また安定した母親イメージの内在化により7段階〜9段階は促進されることになる。

### (2) 項目B 不安感，緊張感の減少過程

　集団保育場面に初めて参加する子どもにとっては，そこは知らない場所・知らない人，初めての状況であり，かなりの不安感，緊張感が引き起こされるが，日々通所する中で，物・場・人・遊びなど，安心しリラックスできる対象を見つけていく。本項目は，その過程を示したものである。

　1段階は新しい状況がまだ認知できずに，いつでもどこでも誰とでも平気な状態。10段階との違いは，新しい場面をわかっているかどうかの判断で区別する必要があるのは項目Aと同様である。2段階，3段階は時間の経過にそって見られるというより子どもの生来の活動水準や感受性，反応性の強さによるものと思われる。8段階，9段階も同様に考える。4段階，5段階についても時間の経過というより不安や緊張場面において物や場に依存する子どもと人に頼る子どもがおり，これも生得的な個人差が見られる。6段階，7段階も同様である。

　このように，Bの項目はその子どもらしいプロセスで10段階に向かうという傾向が見られるので，不安感，緊張感の解消方法を見ながら，その子どものもっている気質的特性を把握することができる。

### (3) 項目C 遊びの発展過程

　子どもは遊ぶことによってさまざまな能力が発達する一方で，そのときの心身の発達状態によって，遊びの内容や方法が変化する。本項目は保育所や幼稚園で日常的に見られる遊びを発達順に並べ，その発展過程を示したものである。

　1段階，2段階は感覚器官を使った感覚遊びの段階で1段階は0～3ヶ月，2段階は3～6ヶ月くらいの発達の様子を示している。不安緊張時の退行的な状態はこの段階ではない。3段階は9ヶ月前後の子どもがよくする探索遊び（物を落としたり，ナベを叩いたり，スリッパを舐めたりなど）。4段階は大人とのやりとり遊びや簡単な操作遊び（1歳前後）。5段階は簡単な模倣遊び（1歳～1歳半）。6段階の見立て遊びは，例えば積み木を見て自動車をイメージする（ブーブーと言ったりする）こと（1歳半～2歳）。7段階は，自動車（自分のイメージ）を表すために積み木を用いる——つもり遊び（2歳～3歳）。この時期各々のつもりがぶつかってよく取り合いのけんかが起きる。8段階はごっこ遊び（3歳～4歳）。9段階は構成遊び（4歳～5歳）。10段階はルールのある遊び（5歳～6歳）。

　この項目をチェックすることで子どもの認知機能の発達をおおまかに把握することができる。

### (4) 項目D 制限が理解されていく過程

　本項目は，保育者が与える制限の意味を理解し，ルールに従う過程を示したものである。ルールへの従順は次のE項目にも含まれるが，本項目では，制限の意味や制限を行う相手の意図をどれだけ自分のものにしているかを，制限の守り方を見ながら考えていく。

　1段階は制限が理解できないだけでなく，制限されていることに気づいていない段階。2段階は何か異なる状況が起きたことに一瞬気づくことができたが「ダメ」の意味はわからない。3段階は「ダメ」という言葉の意味は何となくわかるだけ。4段階，5段階は「ダメ」と制止され

も，欲求不満と感じないで従える子どもと，強く不満を感じて退行的・攻撃的行動に出る子どもいる（生得的な感受性）。6段階，7段階はやってはいけないことがわかっているのに，わざとやってふざけたりごまかしたりする。この場合，制限の本当の意味——なぜダメなのか，相手は何を考えているか——がまだ理解できていないことが多い。8段階，9段階は制限の本当の意味や相手の意図が理解できてくると，欲求不満状態になるが，この段階では，パニックになるのを防ぐための抑圧や合理化の適応機制が働くようになる。

　早期のしかも過度な制限（しつけ）は子どもの不適応行動を助長させることになる。制限がどれだけ理解されているかを把握することが重要である。

### （5）項目E　自己制御ができていく過程

　自己制御（セルフコントロール）機能とは，自分の意志・意図に基づいて目標指向的に自分の行動を統制する働きであり，自己主張的側面と自己抑制的側面から構成されている。本項目では，その両面から自己制御ができている過程を示している。

　1段階は項目Dの1段階と同様に周囲の状況への気づきが全くない段階。2段階は少し状況が見えてきて，目標物（人）に向かう気持ちが出てくる。3段階は運動機能と好奇心が高まり能動的行動が見られる。まだ自分の反応を調整することができないので，やりすぎて大人側の制止を受けることになる。4段階は制止や障害物に応じて自分の動きを変えるなど，自己抑制の芽生え。5段階は言語発達に伴い，言葉による簡単な指示に従うことができる。6段階，7段階は自我の芽生えとともに強い自己主張や拒否が目立つ。8段階，9段階は自分の欲求がうまく受けとめられることにより，他児との協調性が見られるようになる。

　近年，保育現場において，セルフコントロールの悪い子どもが目立っている。衝動性をいかに制御するか，対応が急がれる。

### （6）項目F　感情の表出過程

　感情を表出することにより，相手との交流が生まれ，その関係の中で感情を自己抑制する力が育つ。本項目はその過程を示したものである。項目Eと共通部分もあるが，本過程は周りの大人の働きかけにより強い影響を受けている。

　1段階，2段階は新生児は誕生後，苦痛や空腹などの不快な感情を「泣く」形で表出する。親が適切な養育行動で応えることで，子どもは満足気な快の状態を取り戻す。この流れの中で，親は子どもに安心を与えるような安定した感情表出が必要で，1段階はそれが欠如した環境の子ども（被虐待児）やある種の発達障害を有する子どもが示すことがある。3段階，4段階は生後1年までの間に「喜び」「悲しみ」「嫌悪」「怒り」「驚き」「恐れ」などが表出される。5段階，6段階は自己への意識が増大し，「照れ」や「嫉妬」も表れる。また「共感」や「拒否」など自分の意志に基づいたはっきりした感情表出ができる。7段階～9段階は2歳を過ぎると社会的ルールが内在化しはじめる。「恥」や「罪悪感」などの複雑な感情を経験するがうまく感情表出交流ができず，「葛藤」が生じたりする。8段階は不適応行動に至ることが多い段階で9段階は適応機制がは

たらきだして，コントロールができるようになったことを示している。10段階は，状況に応じた表情の表現が豊かになった状況である。

### (7) 項目G 集団に適応していく過程

子どもの集団に対する反応を見る項目である。集団に対して全く意識しない段階から，次第に興味・関心をもち始め，集団の一員としての意識をもって組織的集団活動ができるまでの過程を示している。

1段階は，集団と動きには全く関心を示さず，何もしていないか，ひとり遊びの段階。2段階〜3段階は傍観しているのだが，2段階は集団の動きにつられて関心を示しているのに対し，3段階は自ら興味をもって集団に近づいている。4段階〜6段階は，並行遊びの段階で，4段階はまだ時々反応しているだけ。5段階は保育者の援助があれば。6段階は，自発的に集団に参加しているが，お互いのかかわりはほとんどない状態。7段階〜8段階は，集団の動きをよく見ており，はじめは集団のメンバーより自分の気に入った遊びを選んで参加するが，発達につれて，メンバーを意識して，集団活動を行うようになる。9段階〜10段階は，組織化された集団遊びを協力して行うようになるためには，最初は保育者の支援が必要であるが次第に子どもたちで役割を受け持つようになる。

### (8) 項目H 保育者との関係が深まる過程

保育者との人間関係の成立を見ていく項目であり，信頼関係を基盤に自由に自己を表現できるようになる過程を示している。

1段階は，まだ保育者はいてもいなくても同じような状態。2段階は，スキンシップなどで少し保育者を意識し始めるが，子どもによってはかえって不安緊張が高まることもある。3段階〜4段階は保育者が援助的な存在であることに気づき，3段階は消極的，4段階は積極的に関係をもち始める。5段階〜6段階は，子どもは保育者との関係にまだ自信がもてなくて，依存的になったり，独占しようとしたりする。7段階〜8段階は，保育者との関係が安定してくるが，まだ直接的な支援や評価が子どもの行動を左右している。9段階〜10段階は，保育者がそばにいなくても子どもの心の中に信頼できる保育者像が形成され，子どもは勇気をもって自己を表現できるようになる。保育者との関係は，母親のそれよりもっと自由で開放的である。

### (9) 項目I 他児との関係が深まる過程

他児との共感し合える関係の成立を見ていく項目であり，対大人とは別の子ども同士の関係が深まっていく過程を示している。

1段階は，まだ他児がいてもいなくても同じような状態。2段階は，他児の大きな声や動きに快・不快レベルの反応を示す。3段階は，他児の持っている物への関心から，他児の存在を意識し始める。発達障害をもつ子どもの中には，他児の存在に関心を示さないこともある。4段階になると，他児との短いゆきずりの関係が生じ，5段階は対大人とのやりとりを真似たようなかか

わりをするようになるが，まだ相手の気持ちには思いいたらない。6段階ではじめて，自分のかかわりに対する相手の反応に気づく。大人の支援で子ども同士の交流が可能になる。7段階では，他児への関心がたかまり，一緒にいるだけでうれしく反応し合う。8段階は，お互い自分の意図や行動を主張し始めけんかすることも多くなる。9段階〜10段階は，相手の反応や気持ちを予想できるようになり，それに合わせて自分を制御しながらかかわりがもてるようになる。

### （10）　項目J　三者関係が成立する過程

　保育者と他児と自分との三者の関係の中で，自分の立場を理解し行動できるようになる過程をみる項目である。集団の中での人的環境（大人と子どもの動き）とその意味を認知していく過程でもある。

　1段階〜2段階は保育者と他児の動きには全く無関心か，たまにチラリと見る程度の段階。3段階〜4段階は，まず保育者の動きに興味をもち近づく。次に他児の存在に気づいていつの間にか遊びの中に一緒にいたりする。5段階〜7段階は，保育者と一緒にいる他児への関心が高まり，一体となって保育者へかかわる段階から，次に他児と遊んでいる保育者の目を自分だけに向けさせようと目立つ行動をしたり，他児を排除しようとしたりする。まだ三者関係にはなれない。8段階は，保育者と他児との遊びの中での自分の位置づけなど。保育者の指示があれば，三者関係が成立する。9段階〜10段階になると，三者の動きの意味を少しずつ把握でき関係がつながるようになる。

## 5．先行研究との関連

　各項目に関する先行研究をふまえ考察する。

### （1）　項目Aとマーラーの分離―個体化理論

　家庭生活を中心としていた子どもは，保育所などの新たな環境に適応する際に何らかの分離不安を示すが，その多くは次第に母親の側を離れ，新たな環境へと活動の範囲を広げていくようになる。このような過程には，対象関係とのかかわりの中での自我発達が深くかかわっており，マーラー（Mahler）らは，母子関係の直接的な行動観察を通して，乳幼児が親から物理的・心理的に分離して，自己を形成していく過程を「分離―個体化理論」と体系化した[2]。

　生後数ヶ月の乳児は，分離―個体化の過程でいえば「正常な自閉期」から「正常な共生期」で見られる状態で，項目Aの1段階にあたる。

　2〜8段階の分離不安およびその減少過程は，「分化期」における人見知り不安（7，8ヶ月頃から見られる）とそれに続く分離不安を表している。分離―個体化過程において分離不安が最高潮に達するのは，「再接近期」であるが，我が国の調査研究[3,4]でも分離不安が最も強く見られるのは1歳後半と報告しており，時期的には一致している。この時期の子どもは，母親の愛情を失うことのおそれや母親の承認・不承認に対して敏感に反応し，後追い行動などが見られる。だが一方で，母親が世話を焼こうとするとそれを振り払って逃げ出すといった行動が見られる。このよう

に再接近期の子どもは，母親への依存欲求と独立願望との葛藤を経験する。とはいえ，子どもが自分なりに分離不安の解決方法（例えば，代理になる大人にかかわる，象徴的遊びに夢中になる等）を見出したり，母親との心理的距離を能動的に調整する中で，分離不安やアンビバレントな感情に対処できる自我が発達し，個体としての意識も芽生え始める。

　9段階および10段階は「個体化」の時期にあたる。この時期は運動能力や言語能力，現実検討力などが発達し，愛着の対象である母親の安定したイメージをもち，母親不在にも耐えられるようになり，同年代の子ども集団の中でのかかわりが増えてくる。これが「情緒的対象恒常性」の獲得であり，母親とは区別された一貫性のある心理的存在としての個体が誕生するのである。マーラーらは，この個体化の確立と情緒的対象恒常性をもって「同一性感覚」が獲得され，青年期の自我同一性の基盤となると述べている（表2－7）。

　母子分離不安は年齢的な要因があり，もちろん分離不安の時期や長さにも個人差がある。加えて，マーラーらも指摘するように親子関係・家族関係のあり方も関係しており，親子関係が良好でない場合，愛着の対象である母親の安定したイメージをもてず，分離不安が長く続くときがある。さらに障害によっては，新生児でなくとも対人関係が築きにくく，1段階のように母子分離不安が見られない場合がある。しかし今井和子[5]が指摘するように，保育者との信頼関係を育む中で，次第に関心を示さなかった母親にも甘えるようになってきたり，他児や周囲の者にも関心を寄せるようになる。

### （2）項目Ｂの不安感と保育所の機能構造

　項目Ｂは，保育所に入所した子どもが，さまざまな集団保育場面において感じる「不安感，緊張感」について，限定的治療室場面での観察を基に，一般保育所での様子を加味して，その段階的変化を述べたものである。

　一般的に，子どもは不安の対象に囲まれているとされ[6]，「不安は対象がばくぜんとしていて，自分の生命・価値がおびやかされる危機を予測した場合に生じるものであるが，乳幼児期では恐れと結びついており，両者の区別は明確でない」[7]といわれている。ここでの用語としての不安感は「自分に危険が及ぶかもしれないというネガティブな感情」の意で用い，緊張感は「不安によって惹起される何らかの観察され得る様子，もしくは行動」の意味で用いている。

　また同時にここでは，いわゆる誰にも起こり得る「健康範囲内の不安と緊張」を取り扱い，精神病理学がいうところの「病的不安と行動」については言及しない。

　不安について，笠原嘉は「人間である以上，われわれはだれも，次のような不安から自由ではない」[8]とし，それらの不安の内容を，①健康に対する不安，②貧困への不安，③対人関係をめぐる，④業績に対する不安，⑤社会的役割をめぐる不安，⑥生き甲斐をめぐる不安，⑦憂国の不安，と述べている。この見解に従えば，子どもの不安は，①と③と⑤および⑥が該当すると思われる（図2－2）。

　これらの不安の内容を，本書の〈保育所・障害・子ども〉というキーワードに即して再構成した場合，③の対人関係をめぐる不安は，もともと家族・親子関係に内在する不安，自己の有用性

## 5. 先行研究との関連　27

**表2-7　項目Aとマーラーの分離―個体化理論との比較**

| A．母親から分離していく過程 | マーラーの分離―個体化期 | | | 月　齢 |
|---|---|---|---|---|
| 1．分離以前の問題，母親と分離したことを認識せず，母親との愛着が成立していない状態（分離はスムーズ）。 | 正常な自閉期 | | 覚醒時間よりも睡眠時間の方が長く，外界からの刺激に無関心。 | 0～1ヶ月 |
| | 正常な共生期 | | 外界の刺激に反応。母親の存在にかすかに気づくが自己との区別はつかない。社会的微笑が見られる。 | 2～4.5ヶ月 |
| 2．一旦分離しても急に不安になって，すぐに母親にしがみついて離れようとしなかったり，急に泣き出して保育室から出ようとする。 | 分離―個体化期 | 分化期 | ・母親との身体密着から徐々にはなれ，共生状態から分化していく時期。<br>・自分と母親が異なる存在であることを自覚し始め，母親と母親でない者が識別できるようになる。<br>・人見知り不安（7，8ヶ月頃から）。 | 5～9ヶ月 |
| 3．母親と離されることを恐れ，しがみついたり分離されることを拒否する。 | | | | |
| 4．登所前に保育所に持っていく物（例えばカバン）を見たり，保育所に近づくと，母親と離れることを予想して泣いたり，登所を嫌がったりする。 | | 練習期 | ・はいはいや直立歩行によって母親から物理的に分離し，移動能力や外部環境の探索活動に夢中になる時期。だが，しばらくすると母親の元に戻ってスキンシップを求め，情緒的なエネルギーを補給し，再び探索活動に乗り出していく。<br>・母親以外の人があやすと泣き出し，調子の下がった状態が見られる。 | 9～14ヶ月 |
| 5．母親と離れることを嫌がったり，泣いたりしていても保育者に抱かれるなどしているうちに落ち着く。 | | | | |
| 6．自分からは母親のそばを離れようとしないが，保育者が抱いたり手をかすと母子分離ができる。 | | | | |
| 7．分離はできるが，後ろを振り返って母親の様子を見たり，納得できないため，なかなか遊べずにいる。 | | 再接近期 | ・よちよち歩きも可能になり，しだいに母親からの分離意識が芽生えてくる。しかし，しがみつきや自発性の欠如といった形で強い分離不安が見られ，絶えず母親の動きを追ったり，自分の体験を母親が関心をもつことを求める。<br>・母親の愛情を失うことの恐れ，母親の承認・不承認に対する敏感な反応が生じ，非常に傷つきやすくなる。それにもかかわらず，母親が関心を向けるとそれを振り払おうといったアンビバレントな行動をとる。<br>・子どもが自分なりに分離不安の解決方法を見つけたり，母親との心理的距離を能動的に調整することで，分離不安に対処できる自我が発達し，個体としての意識も芽生え始める。 | 14～24ヶ月 |
| 8．自分から離れて登所できるが，日常の保育場面では時々思い出して泣く。 | | | | |
| 9．いつもは自分から分離できるが，発表会や運動会のときなど，いつもと状況が違うときに母子分離不安を示す。 | | 個体化と情緒的対象恒常性の始まり | ・この時期は，運動能力や言語能力，現実検討力，時間の概念が発達するとともに，母親以外の大人や子どもに対する関心も増し，遊びを通してかかわることができるようになる。<br>・愛着の対象である母親の安定したイメージを内在化することで，母親不在にも耐えられるようになり，同年代の子ども集団の中で社会性を発達できるようになる（「情緒的対象恒常性」の獲得）。<br>・同時に母親とは区別された一貫性のある心理的存在としての個体が誕生するのである。この過程は，ここで終わるのではなく今後も続いていく。 | 25～36ヶ月<br>＋<br>α |
| 10．母親と分離することがわかっていて，しかも，分離可能である。 | | | | |

や能力に関する不安であり，⑤社会的役割をめぐる不安は，独り立ちの不安，新しい役割への不安，もしくは，これまでの母子関係を失うのではないかという不安であるといえる。子どもは日々通所する中で，物・場・人・遊びなどを通して依存できる対象を見つけ，臨場体験と成熟感に裏付けられた自己の存在の確かさを自認することでこのような不安を解消していっている。

　本項目はその過程を示すもので，1段階は，発達的・心理的に，新しい状況が認知できずに，いつでもどこでも誰とでも平気でいる状況を示す。子どもの関心は，マーラーが指摘する自己の内部のみに向かういわば生理的自閉に近い状態であるといえる。2段階と3段階は，新しい危機的状況にあることに気づくが，人や物への関心が薄いため適切な対応手段を見つけることができずに，不安感が直接的に強いネガティブな行動に結びついたもので発達的要素よりもむしろ，子ども自身の生来的活動水準や感受性・反応性によるものと思われる。したがって以下の項目は，この感受性・反応性の相対的変化を軸に構成されている。

子どもの個別的問題

心身の健康状態から生じる不安感・緊張感

体調・気分・病気・不具合など

家族の問題

家族関係から生じる不安感・緊張感

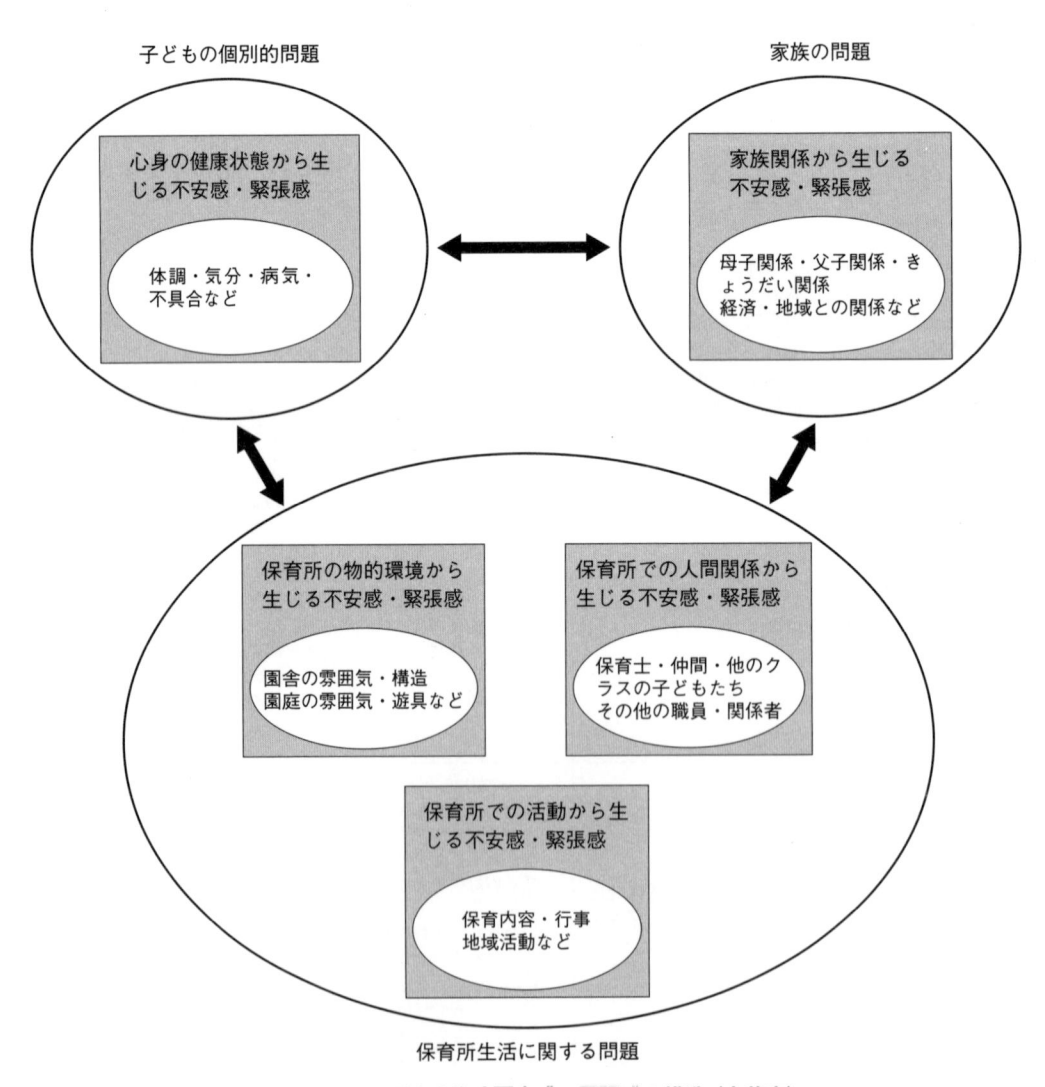

母子関係・父子関係・きょうだい関係
経済・地域との関係など

保育所の物的環境から生じる不安感・緊張感

園舎の雰囲気・構造
園庭の雰囲気・遊具など

保育所での人間関係から生じる不安感・緊張感

保育士・仲間・他のクラスの子どもたち
その他の職員・関係者

保育所での活動から生じる不安感・緊張感

保育内容・行事
地域活動など

保育所生活に関する問題

図2−2　子どもの抱く不安感・緊張感の構造（安藤案）

4段階と5段階は，自分が依拠できる場所（ニッチ）や人を見つけて，心身のより所として安定し，そこから初めて他者（保育士や他児）や保育場面に関心をもちだした状況を指すが，これも生得的個人差はみられる。6段階と7段階は，人との結びつきを通して不安や緊張感が漸減し，集団への参加行動を見せ始めるが，かなり心的過敏性を残す状態である。8段階は，場面の変化には多少の緊張性を示すが，自分のペースであれば，保育の活動に順応できる程度の安定性を得ている段階を示す。9段階は，特別の環境の変化がない限り，不安や緊張を示さない状態である。10段階では，自由にのびのびと遊びに取り組める姿を捉えられる。

このように，本項目は，子どもの気質的特性を主とした，保育活動全体への感受性・反応性の変化を把握するように意図されている。

### （3） 項目Cとピアジェの発達理論

項目Cは子どもの遊びの発展過程を10段階に分けたものである。ピアジェ（Piaget）は子どもの遊びを認知機能の発達に対応させて説明している。遊びは自分自身のシェマ（活動様式）を，いろいろなものに適応させていくことに喜びを見出している活動で，自分自身を外の世界に合わせる過程〈調節〉よりも，外の世界を変えて自分の中に取り込む過程〈同化〉の働きが優勢な場合に生じる[9]。ピアジェの遊びの発達過程と項目Cの過程を表2-8で比較してみる。

ピアジェの遊びの発達過程と項目Cの遊びの発展過程は同じ経過をたどっている。また，ピアジェが遊びの発達を段階的に述べているその区分に，項目Cの過程の10段階が対応している。

したがって，保育者は，項目Cの遊びの発展過程に，遊び場面での子どもの様子をあてはめてみることで，次の段階に成長していくには保育者はどうかかわる必要があるかを検討していける。また，ピアジェは遊びの発達過程を認知機能の発達に対応するものとしていることから，項目Cの過程にあてはめることで，子どもの認知機能の発達も考察していける。

### （4） 項目Dと心の理論

制限の意味を理解し，社会的ルールを内面化していく過程を「心の理論」，つまり他者の心の理解の発達過程と照合して考えてみる。「心の理論」研究の始まりは，チンパンジーなどの知能研究を行っていたアメリカの動物心理学者ら（Premack & Woodruff）[10]によって行われた。プレマックらは，他者の目的・意図・知識・信念・思考・疑念・推測・ふり・好みなどの内容が理解できるのであれば，その動物または人間は，「心の理論」をもつと考えた。この「心の理論」（Theory of mind）という用語の提案が，子どもにおける「他者の心の理解」研究発展の大きな原動力になった。

木下孝司[11]によれば，8〜9ヶ月頃，それまでの大人との情動的一体感を基盤に，子どもは大人の働きかけ（「イナイイナイバア」など）への期待を高めていく。そこで大人が働きかけを中断すると「おや」という表情をしたり，催促のような発声がみられたりする。これは行為主体としての大人（他者）の存在が子どもの心の中に浮かび上がってきているのである。

10ヶ月〜1歳前後にかけて，こうした大人とのコミュニケーションの場の中で，子どもは他者

**表2−8　項目Cとピアジェの発達理論との比較**

| | C．遊びの発展過程 | ピアジェの遊びの発達過程 |
|---|---|---|
| 1 | 偶然に触れた物は持ったり舐めたりするが，自分から求めて物に関心を示すことはない，身体に触れられたり，揺すられるのが好き。 | 『機能的遊びの第1段階（0〜1ヶ月）』<br>同化と調節は未分化で，調節を必要とするような適応はできない。生まれながらにもっている反射的活動以外に新しい活動が獲得されることはない。吸う，手のひらに触れた物をつかむなど。 |
| 2 | 物に向かう気持ちは出てきているが，長続きはせず次々と手を出す，あるいはじっと注視するだけ。 | 『機能的遊びの第2段階（1〜4ヶ月）』<br>何かをしたとき，たまたま興味をひく結果を得られる。その結果を得ようと色々試みる。そのうち成功するとその反応が強固になる〈循環反応〉。これまでのやり方では同化できないときに，わずかながら調節し，以前とは少し違った同化ができるようになる。しかしまだ調節は充分ではなく，同化（単にシェマを適応する行動）が多い。 |
| 3 | 物への関心と操作性が高まってきているが，その物の用途に応じた遊び方はできない。 | 『機能的遊びの第3段階（4〜8ヶ月）』<br>新しい対象が提示されると，その対象がどんなものであるかにかかわらず，自分のもっているシェマを次々に適応する。まだ，性質に応じて，自分の反応を調節することはできない。 |
| 4 | 身近な大人と，与えられた行動を共有する（イナイイナイバー，コラマテコラマテなど）。 | 『機能的遊びの第4段階（8〜12ヶ月）』<br>手段より以前に目標がたてられ，その目標に対して色々な手段が試みられる。すでにやったことがあるが，自分では見ることができない運動を模倣することができる。モデルに対して，自分のもっているシェマを色々試みて，そのモデルに適当なものを見出して，それを模倣することができるようになる。 |
| 5 | 身近な大人の動きや歌の振りを模倣する。興味の持続時間は短い。 | 『機能的な遊びの第5段階（12〜18ヶ月）』<br>自分のもっているシェマでは同化しきれていないものに出会ったときには，そのシェマを修正するという働きが顕著になってくる。モデルに注意を払いながら模倣し，そのやり方を色々変えてみる。 |
| 6 | 身体の動きや物が先行し，それに自分のイメージを合わせる，他の遊びや物も取り込んで遊ぶ，見立て遊びが見られる。 | 『機能的遊びの第6段階（18ヶ月〜2年）』<br>以前に獲得しているシェマを，実際に行ってみる前に頭の中で思い浮かべる。それらのシェマを頭の中で協調させることによって新しい手段をつくり出す。遅延模倣（その場には存在していないモデルを再現する行動）ができるようになる。頭の中で思い浮かべたものに対して，自分が合わせるのではなく，対象の方を自分の活動の都合がよいように変えてしまう。 |
| 7 | つもり（自分のイメージ）が先行してそれに合った物や動きを自分で選択する。他児と物を取り合ってけんかとなる。 | 『象徴的遊び（2歳〜4歳）』<br>1．象徴的パターン<br>　最初の象徴的遊びとして，自分自身の活動のふりをする。ふちどった布を見て，自分の枕のへりを思い出して，親指を吸い，横になって，眠るふりをする。 |
| 8 | お母さんごっこなど役割は自認しており，それなりに遊びもまとまっているが，長続きしない。 | 2．象徴的・模倣的パターンの新事物へのプロダクション<br>　自分が眠る遊びをすると，その後で，自分の人形や熊に眠らせる。他のものを模倣するだけではなく，これらの模倣を他の事物に投射する。 |
| 9 | いろいろな材料を使って，自分のイメージに合った場面を構成する遊びをする（例えば積木で家を作る，砂場で山や川を作る）。 | 3．象徴的組み合わせ<br>　個々の模倣あるいは1つの対象から他への単なる同化ではなく，全シーンの構成を包含するもの。真実の生活の単なる置き換えから，モデルの見出されない想像的な生物の創造に至るまでを含む。 |
| 10 | ごっこ遊びなどで自主的，持続的に遊ぶ，ルールのある遊びなど，競い合うおもしろさやその手応えに熱中する。 | 『ルール遊び（7歳〜）』<br>社会的関係が形成され，ルールが実践を統合するようになってくる。 |

（大人）のようにやってみたいという気持ちをふくらませ，他者の行為，振る舞いを自らのものにしていく。

　この段階（1段階〜4段階）までは，大人との融合的一体関係の中で，大人の存在に気づき，大人の行為（制限）に反応したりはするが，子どもは自分の「こうしたい」という〈つもり〉は通じて当たり前という思いがまだある。

　だから，制限を行う大人の〈つもり〉を感じ始める1歳前半は，子どもにとって不安の高まる時期である。自分の〈つもり〉がうまく伝わらなかったり，他者の心の動きはまだつかめないという状態はパニックを喚起する条件になる（5段階）。

　木下の次男Rの観察例によると，18ヶ月頃から，Rは自分の過去の心理的状態や他者の心理的状態を対象化し始める。〈私の心〉と〈他者の心〉の存在を可能にする受け皿がここにきてようやく子どもの心的世界に位置づき始める。ここが「心の理解」のスタートであると述べている。

　またこの時期になると他者の〈つもり〉の存在を感じるだけではなく，それをさらに確かめる姿もみられたという。次男Rは，制止する父親の心の動きをある程度予測するようなある種の「あざむき」行動を示した。木下はこれを「他者の意図をくぐったからかい」として特徴づけている（6段階）。

　2歳半〜3歳は，「心の理論」研究が回避しているといわれる〈自我形成〉の時期である。他者の意図を感じつつも，強い欲求や行動力がそれを超えている状態を考える（7段階）。

　丸野俊一[12]によれば，このような自分の意図や欲求をぶつけあうようになる子ども同士の遊びの世界や，一人ひとりの欲求，願望，意図，情動が複雑に絡み合う日常の家庭生活での体験を通して，心の理論をより集団範囲の広いものにつくり変えていくことになる。

　心の理論について重要な発達的変化が生じるのは，子どもの表象的活動の理解が可能になる4歳頃である。「人は考えや欲求や意図や情動などで構成される心をもっている」ということにかかわる理解ができたとき，はじめて「子どもは心の理論をもっている」ということが伝えられる。上記の文献から，8段階〜10段階は他者の心を理解した上で，制限や日常的決まりを受け入れ，内面化していく過程であると考える。

（5）　項目Eと自己制御機能

　自己の行動を自ら制御できるようになることは，重要な発達課題であり目標であるが，従来の実験室的アプローチでは統制されてはいるものの，一面的で概念的な研究が多かった。そんな中で柏木惠子は，子どもの日常生活場面での自己制御機能の特質とその発達を探る調査研究を行い，『幼児期における「自己」の発達—行動の自己制御機能を中心に—』[13]で発表した。その後，この研究を元に数多くの実証的研究が行われている[14,15]。

　柏木は自己制御機能を自分の意志・意図に基づいて目標指向的に自分の行動を統制する働きと定義している。その上で，自分の欲求や意志を明確にもち，これを他者や集団の前で表現し主張する，また行動して実現する〈自己主張・実現〉的側面と，集団や他者との調和のために自分の欲求や行動を抑制したり制止する〈自己抑制〉的側面の両面を，子どもが達成するべき発達課題と

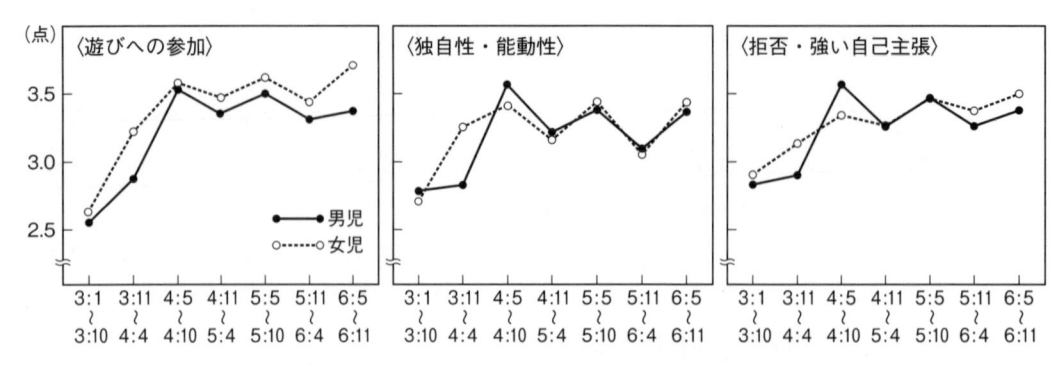

**図2-3** 〈自己主張・実現〉の3下位次元得点の年齢による消長―男女別
出典：柏木惠子（1988）『幼児期における「自己」の発達』東京大学出版会, p.30

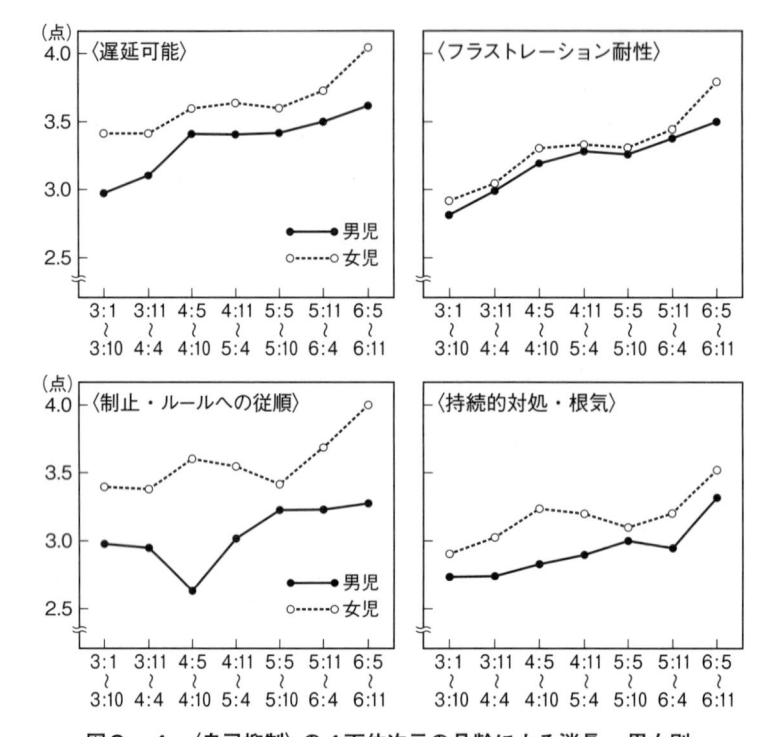

**図2-4** 〈自己抑制〉の4下位次元の月齢による消長―男女別
出典：図2-3に同じ。p.33

して挙げている。

　柏木の研究では，幼稚園児（3:1～6:11）693名を対象に，自己主張・実現に関する行動25項目，自己抑制に関する行動46項目について，担任教師が観察評定を行っている。

　さらに，柏木は〈自己主張・実現〉および〈自己抑制〉の2尺度について，項目別に因子分析を行い，前者では3因子，後者では4因子を抽出し，3下位次元は〈遊びへの参加〉〈独自性・能動性〉〈拒否・強い自己主張〉，4下位次元は〈遅延可能〉〈制止・ルールへの従順〉〈フラストレーション耐性〉〈持続的対処・根気〉と名づけた。

　それぞれの得点の年齢別変化は，図2-3，図2-4のとおりである。

いずれの次元でも有意な年齢差がある。特に〈独自性・能動性〉〈拒否・強い自己主張〉の２つの面は幼少期にある程度獲得された後は頭打ちの状態である。むしろ個人差として特徴づけられるものとなると考えられる。

一方自己抑制の下位次元では，得点の増加は幼児期の４年間を通じてずっと認められる。このことは，自己を表出し実現させる面に比べて，自分の行動を抑制することに自己の機能を発揮することの方が，より長期にわたって子どもの発達課題でありつづけることを示唆している。

本研究では，対象は保育所所見（0：10〜6：11）676名である。柏木の研究では乳児や１〜２歳児は対象になっていないが，第６章総括的考察・討論の中で次のように言及している[16]。

> 自分で制止しようとする行動の芽生えは子どもが自分で活動でき，好奇心にもとづいて探索することが活発になった頃に生じる。
>
> 子どもが自分自身の行動を制止しようとするとき，行為の実行者という役割とその行動の抑制者という役割の二つを同時に担わねばならない。この二つの役割は，それ以前は，大人と子ども（他者と自分）とで分担されていたものだが，これを一人二役でなさねばならない。そしてこの二役には，実行と抑制という相反する２種の行為の遂行がもとめられている故に，それを二つながら同時に全うすることは難しいことなのである。

柏木の研究は，本研究の項目Ｅだけでなく項目Ｄのスケールについても多くの示唆を与えた。ただ，本研究の対象が保育所所見で０〜２歳頃から集団生活を経験しているため，例えば項目Ｅの４〜６段階などは，柏木の調査結果より低年齢に移行している。柏木も指摘しているように保育機関では子どもは多種多様な他者に接し規則や指示など社会的拘束もより多く経験する。そのような環境の中で，自己主張や抑制が低年齢においても見られるものと思われる。

### （６）項目Ｆとスローフの情動の発生理論

項目Ｆは，社会とのかかわりの中で生み出された感情が表出されていく過程である。

スローフ（Sroufe）[17]の「基本的な情動の発生」では，０ヶ月での情動は，乳児の内的状態に密接に関係している。身体的不快，覚醒，苦痛，中枢神経系の緊張の変化などが主たる情動を起こす要因である。これは，項目Ｆの２段階にあたり，感情（情動）は，環境との相互作用により生じるのではなく，身体的・生理的なものによる。１〜６ヶ月では情動が自己と環境との関係により結びついて生起するようになる。乳児はなじみのある顔に微笑するし，新しい刺激に関心と好奇心を示す。また，哺乳が中断されたり，興味をもっているおもちゃをとりあげられたりすると怒りを示す。これは，項目Ｆの３〜５段階にあたり，感情（情動）は，環境との相互作用により生まれ，単純な感情を表出できるようになる。また，喜びや怒りなどの感情が分化してくる。６〜12ヶ月では過去の経験を思い出す乳児の記憶力と関連し，現在の状況を比べて喜び，怒り，恐怖などの情緒が生じる。これらの情緒は乳児の目標が妨げられたときの葛藤と環境をいくらかコントロールする能力の表れでもある。これは，項目Ｆの６〜７段階にあたり，ことがらの文脈を理解し

た上で，喜びや怒りなどの感情（情動）が生まれ，より複雑な感情を表出できるようになる。生後2年目にみられる不安，誇り，反抗，恥ずかしさなどの情緒は自我感覚の芽生えと関係している。自分が原因となり得ることを知り，また他者の情緒にも反応し始める。他者にむずかったり，やさしくさわったりして他者に愛情を示し，また他の子どもにおもちゃを貸したり，悲しそうな子どもを慰めたり，一緒に喜んだりする。子どもは自分や他者の喜びや悲しみに気づき，それを与えたり受けたりする新しい段階に到達する。これは，8～10段階にあたり，ここにきてはじめて子どもはアンビバレントな感情をコントロールし，安定した感情を表出できるようになる。

**表2-9 項目Fとスローフの情動の発達理論との比較**

| | F．感情の表出過程 | 月 | 快―喜び | 警戒―恐れ | 激怒―怒り | 情動の発達の期間 |
|---|---|---|---|---|---|---|
| 1 | 感情の表出はほとんど見られず，無表情に近い。 | | | | | |
| 2 | 未分化な感情（例えば漠然とした喜びや不安や怒り）が現れるが，生理的な条件に左右されやすい。 | 0<br>1 | 内生的微笑<br>向きを変える | 驚き／苦痛<br>注意をあおる | 顔を覆われたり身体を拘束されたり，極度の不快などによる苦痛 | 完全な刺激の妨げ<br>向きを変える |
| 3 | 社会的微笑や人見知りなど状況に応じた単純な感情が表出される。 | 2<br>3<br>4 | 快 | | 激怒（失望） | 肯定的情動 |
| 4 | 人が泣いたり喜んだりすると，それに呼応した感情が表出される（例えば他児の泣き声につられて泣く）。 | 5<br>6 | 歓喜　笑い | 警戒 | | 積極的参加 |
| 5 | 受け入れる感情，または，拒否する感情がはっきりと焦点づけられて表される。 | 7<br>8<br>9<br>10 | 喜び | 恐れ<br>（見知らぬもの） | 怒り | 愛着 |
| 6 | 楽しい場面ではともに喜ぶなど，大人との感情の交流がもてる，だだをこねても，ちょっとした働きかけで気持ちの転換は容易。 | 11<br>12 | 意気揚々 | 不安・直感的恐れ | 怒りの気分・すねる反抗 | 実行 |
| 7 | 感情がうまく表出できないときにはすねたり，ふくれたり，ふざけたりする。 | 18<br>24 | 自己の感情の肯定的評価 | 恥 | 意図的に傷つける罪 | 自我の芽生え |
| 8 | アンビバレントな感情（葛藤）をコントロールしようとするがうまくいかず，くやし泣き，引きこもり，また時には感情の爆発が生じる。 | 36 | 誇り・愛 | | | 遊びと空想 |
| 9 | 感情を努力してコントロールしようとする（例えば自ら理由づけしたり，他へ転嫁する）。 | | | | | |
| 10 | 状況に応じて感情をコントロールでき，安定した形で豊かに表現する。 | | | | | |

項目Fとスローフの基本的な情動の発生の過程は，身体的な感情（情動）の発生，環境との相互作用による怒り，喜びといった単純な感情（情動）の発生，そして恥などのより複雑な感情（情動）の発生，そして最後にはその感情（情動）をコントロールし，安定した感情の表出ができるようになるという同様の過程をたどる。

項目Fの1段階は，項目の説明にもあったように，安定した感情表出のできる環境が欠如した子ども，例えば被虐待児や一部の発達障害を有する子どもに見られることがある。

虐待という外傷体験は，子どもの発達に大きく影響する。心的外傷後ストレス障害（PTSD）に苦しんでいる被虐待児も多い。心的外傷への反応として，回避や精神活動の低下がみられることがあり，感情の機微が感じられず，表情がなくなることがある。

自閉症児には，コミュニケーションの障害があり，人との共感が苦手だといわれている。そのような障害のため，こちらからの働きかけに対し，反応がなく，無表情に見え，一見感情が表出されていないと感じることがあるかもしれない。また，感覚過敏の問題をもつ子どもも多い。そのような過敏性をもつ子どもの中には，外界からの嫌な刺激を遮断しているために，無表情になったり反応がなかったり，感情の表出が見られない子どももいる。

このようなことから，項目Fの1段階をチェックしたときには，なんらかの発達障害や虐待などの可能性があるので，注意深く子どもを観察する必要がある。

### （7） 項目Gとパーテンの社会的行動の過程

項目Gは，子どもが集団に適応していく過程を10段階に分けたものである。Gの項目は，保育所での子どもの集団参加の様子を観察し，その過程を6つの段階に分けたパーテン（Parten）の研究と類似している（表2-10）。

パーテンは，「就学前幼児の社会的行動」，「就学前幼児の社会参加」という2つの研究[18, 19]で，保育所に通う42人の子どもの自由遊び時間を4ヶ月の間繰り返し観察した。観察者は3人で，3人の予備観察における記録の一致率の平均は89％だった。この観察により，パーテンは，子どもの社会参加を6つの段階に分けた。1段階は，「ぶらぶらしている（何もしていない）」段階で，子どもは関心のあることに瞬間的にひきつけられるが，それ以外は体をゆらしたり，椅子に座ったり立ったり，動き回ったりする。2段階は，「ひとり遊び」段階で，子どもは，ひとりで遊び，興味は自分自身の遊びだけで，他の子どもが何をしているかに関係なく自分の遊びに熱中している。この1～2段階は，項目Gの1段階にあたり，集団への関心が芽生える前段階にあたる。3段階は，「傍観遊び」段階で，他の子どもの遊びを眺め，他の子どもに話しかけたり，質問したり，提案したりするが，自分自身は遊びに参加することはない。これは，項目Gの2～4段階にあたり，集団に対する興味や関心がわいてきた段階である。4段階は，「並行遊び」段階で，子どもはひとりで，他の子どもと同じようなおもちゃを使って，他の子どもの傍らで遊んでいるが，他の子どもの遊びに影響を与えたりはしない。これは，項目Gの5～6段階にあたり，集団と同じような動きをするものの，まだ他の子どもと直接的なかかわりはない段階である。5段階は，「協同遊び」段階で，これまでの段階とは異なり明らかな集団活動であり，子どもは他の子どもと

一緒に遊び，おもちゃの貸し借りをする。子どもは似たような動きをして遊んでいる。これは，項目Gの7〜8段階にあたり，集団と同じような動きを，他の子どもと簡単なやりとりならできる段階である。6段階と7段階は，それぞれ「協力遊び」段階，「組織的補助遊び」段階で，最も高次の組織化された集団遊びである。集団の中で役割が決められ，リーダーにしたがって自分の役割を演じる。またリーダーにより遊びのルールが決められる。これは，項目Gの9〜10段階にあたり，役割をもった組織的な集団遊びができる段階である。パーテンの研究では，観察者はあくまでも子どもの遊びのみを観察する観察者だが，プロセススケールでの観察者は援助者として存在しているために，2つの段階にはずれが生じている。しかし，子どもが集団に対し，何も関心のない状態から，組織的な集団遊びへ進んでいく過程は同じであるといえる。

**表2-10 項目Gとパーテンの社会的行動の過程との比較**

| | G．集団に適応していく過程 | パーテンの社会的行動の過程 |
|---|---|---|
| 1 | 集団の動きには全く無関心。 | 第1段階：ぶらぶらしている（何もしていない）。子どもは見たところ少しも遊んでいない。何も子どもを刺激するものがなければ，自分の身体を動かしたり，椅子に座ったり立ったり，動き回ったり，先生について回ったり，部屋の中を眺めることのできる場所で座っている。 |
| | | 第2段階：ひとり遊びの段階。自分が使っているおもちゃ以外のものとは関係なく，他の子どもに近づいたり，話しかけたりする努力をしない。子どもは自分の遊びに集中し，他の子どもが何をしているのかには興味がなく，自分の遊びに熱中している。 |
| 2 | 集団の激しい動き，楽しそうな雰囲気に時折関心を示し，離れたところから見ていることがある。 | 第3段階：傍観遊びの段階。子どもはほかの子どもの遊びを長い間眺めて過ごす。その子どもは，遊んでいる子どもに話しかけ，質問し，提案するが，自ら遊びに参加することはない。 |
| 3 | 集団の近くに寄って来たりするが，集団との直接的なかかわりはない。 | |
| 4 | 集団の動きに呼応し興味を引く動きのみに呼応する。 | |
| 5 | 保育者の援助で少しの間，集団の中に入っている，または，集団から少し離れたところで同じような動きをする。 | 第4段階：並行遊びの段階。子どもはひとりで遊んでいるが，自然な形で他児の中に入ることができ，他児の使っているのと同じようなおもちゃで遊ぶが，自分の近くにいる子どもの遊びにちょっかいをだしたりすることはない。 |
| 6 | 集団の中で同じように行動しているが，お互いのかかわり合いはほとんどない（並行遊び）。 | |
| 7 | 集団の動静に関心を示す。同年齢の集団よりも，低年齢の集団においてかかわり合いをもてる。 | 第5段階：協同遊びの段階。子どもは他の子どもと一緒に遊ぶ。遊ぶためのおもちゃを貸し借りする。同じ遊びでなければ，よく似たことをして遊んでいる。役割分担はなく，組織化された活動もない。それぞれ好きなことをして遊んでいるが，集団に対する興味や関心は副次的なものではない。 |
| 8 | 同年齢集団の子どもたちと同じような活動ができる。 | |
| 9 | 保育者の援助で，他児と一緒に制作やゲームなどの組織的な集団活動ができる。 | 第6段階：協力遊び・第7段階：組織遊びの段階。子どもは何かを作る目的のため，または競い合う目標を達成するために，組織化された集団で遊ぶ。集団の統制は，リーダーにゆだねられ，それぞれが違う役割を得て遊ぶ。 |
| 10 | 保育者の援助がなくても，組織的な集団活動ができる。 | |

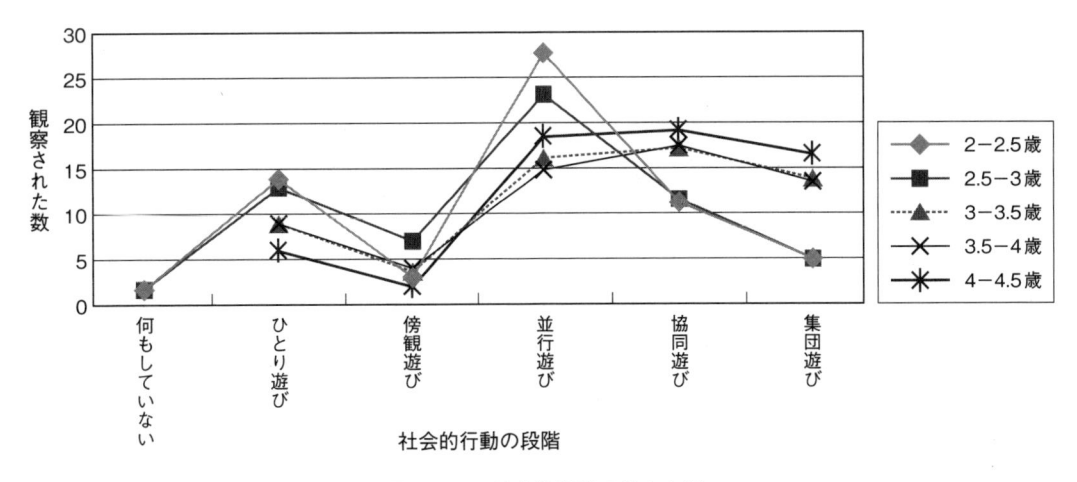

図2-5 社会的行動の数と年齢

パーテンは,「ぶらぶらしている」段階が最も低次の遊びであり, 協力遊び, 組織遊びを最も高次の遊びであると考え, 年齢と集団参加の段階に相関関係があることを示した。図2-5をみると, 低次の遊びには低い年齢層が多く, また年齢が高くなるにつれて高次の遊びが多くなっていることがわかる。また, パーテンは子どもの保育経験と遊びの段階との相関についても調べたが, 相関については説明できなかった。ゆえに, 集団参加の過程は, 保育経験というよりも, 子どもの年齢的な発達として考えることができるだろう。子どもの集団への参加の状況に関して, パーテンの研究と項目Gの過程とをあわせてみていくことにより, 保育者(援助者)は, 子どもが今どれくらいの発達であり, 次の段階へ進むためにはどのような援助が必要なのかをより正確に把握することができる。

### （8）項目Hとエインズワースのアタッチメント理論

人間は社会性動物であり, その社会性発達の最初に出会うのが養育者である。乳幼児における人間関係の基礎になる養育者（一般には母親）との分離後, 保育者を自分にとって母親に代わる人として信頼関係を構築していく過程はどのようなものであるか。

エインズワースら(Ainsworth, et al.)はストレンジ・シチュエーション法と呼ばれる実験観察法を開発し, それによって1歳児の母親に対するアタッチメントの質を測定し, 大きくA, B, Cの3つのアタッチメントのタイプに分類した[20]。ストレンジ・シチュエーション法は, 子どもの愛着行動が母親の姿が見えなくなったときや, 見慣れない状況や見慣れない人に遭遇したときなどに現れる子どもの反応パターンを観るもので, 以下の8つのエピソードで構成されている。①母親と一諸に実験者が入室（30秒）, ②母親はいすに座り, 子どもはおもちゃで遊ぶ（3分）, ③見知らぬ人が入室, 母親と見知らぬ人がそれぞれ座る（3分）, ④1回目の母子分離, 母親が退室, 見知らぬ人が子どもに近づき働きかける（3分）, ⑤1回目の母子再会, 母親が入室し見知らぬ人は退室（3分）, ⑥2回目の母子分離, 母親も退室し子どもはひとり残される（3分）, ⑦見知らぬ人が入室（3分）, 子どもを慰める（3分）, ⑧2回目の母子再会, 見知らぬ人は退室（3分）。

エインズワースらによると，母親への健全なアタッチメントを発達させているのがB群で「安定愛着群（securely attached group）」と呼ばれ，A群とC群は不安を伴ったアタッチメントを形成しているとみなされ「不安愛着群（anxious attached group）」と呼ばれている。そのうちA群は母親がいなくなっても平気で，再会しても母親を無視したり，抱かれても抱きつかず，おろされても抵抗しないといったような母親との接触を回避する行動をとる不安・回避タイプである。C群は母親を完全には信頼できないために一緒にいるときでも不安で母親から離れられず，再会しても情緒的な混乱は収まらず母親に身体的接触を求めるが，母親に抱かれてもなかなか機嫌がなおらず，たたいたり蹴ったりするといった怒りを伴った反抗を示すなどアンビバレントな行動をとる不安・抵抗タイプである。一方B群は母親といるときには活発な探索活動を行い，分離時には多少の不安を示しても母親との再会によって容易に慰められる[21]。

ストレンジ・シチュエーション法が1歳児での実験法であり，本スケールの1～3段階は，1歳未満児の状況を表しているために，A群の母親がいなくなっても平気で，ストレンジャーである保育士とともに室内ですごすことができる状態に近いといえる。

保育者は，子どもにとって当初は見知らぬ人であったのが時間とともに信頼関係を構築し養育者である母親に代わって愛着対象となる。

1999年に改訂された「保育所保育指針」において付記されている発達区分ごとの保育士の姿勢とかかわりの視点によれば，「6ヶ月から1歳3ヶ月未満児の欄に『特定の保育士』とのかかわりを基盤に発達する」[22]とある。以下に同保育所保育指針において0歳から6歳児までの人間関係にかかわる保育内容を抽出したものを表に示す（表2－11）。今回我々の作成した『乳幼児社会性発達のプロセススケール』「H．保育士との関係が深まる過程」と符合する点が多い。

表2－11　保育所保育指針における0歳から6歳児までの人間関係にかかわる保育内容

| 年　齢 | 内　容 |
| --- | --- |
| 6ヶ月未満児 | 子どもに優しく語りかけをしたり，歌いかけたり，泣き声や喃語に答えながら，保育士とのかかわりを楽しいものにする。 |
| 6ヶ月から1歳3ヶ月未満児 | 生活や遊びの中での保育士のすることに興味をもったり，模倣したりすることを楽しむ。保育士に見守られて，玩具や身の回りのものでひとり遊びを十分に楽しむ。 |
| 1歳3ヶ月から2歳未満児 | 保育士に見守られ，外遊び，ひとり遊びを十分に楽しむ。 |
| 2歳児 | 保育士の仲立ちによって，共同の遊具などを使って遊ぶ。 |
| 3歳児 | 保育士にさまざまな欲求を受け止めてもらい，保育士に親しみをもち安心感をもって生活する。保育士の手伝いをすることを喜ぶ。 |
| 4歳児 | 保育士や友達などと安定した関係の中で，生き生きと遊ぶ。自分のしたいと思うこと，して欲しいことをはっきり言うようになる。保育士の言うことや友達の考えていることを理解して行動する。 |
| 5歳児 | 保育士や友達などとの安定した関係の中で，意欲的に遊ぶ。 |
| 6歳児 | 保育士や友達などとの安定した関係の中で，意欲的に生活や遊びを楽しむ。 |

### （9） 項目 I とレヴィンジャーの自我発達理論

　1960年頃まで，当時の精神分析や，発達心理学において，年少の子どもたちはどちらかというと自己中心的で，依存的であり，社会的に無能な存在であると考えられ，他者の要求への応答性などの資質は児童期以降に発達するとみなされてきた。しかし最近の研究では，そのような資質はかなり早期から発達し始め，とりわけ他者の感情に応答する能力はその原初的な形においては，誕生後間もない頃から出現し始めることが明らかにされている。生後1日の乳児が，他の乳児の泣き声に反応して泣くことが，サギとホフマン（Sagi & Hoffman）によって報告されている。その声は力強いもので，不快状態にあるときの自発的な泣き声と区別できないこと，すなわち，情動性を欠いた単なる模倣による音声反応ではなく，実際にその乳児の苦しみの情動をもたらしているように見えることが指摘された。このような乳児の反応は，ホフマンはこれを原始的な共感反応と意味づけ，共感が生得的に準備されていることの可能性を示唆している[23]。

　同じくホフマンによると，1歳以前の乳児は，自己と他者を区別できないので，他者の苦痛を自己の苦痛であるかのように感じることがあるが，1歳くらいになると自己とは異なる身体的存在としての他者に気づくようになり，他者の苦痛への自己苦痛の感情は相手への共感的心配の感情へ変形していくという[24]。

　このようなホフマンの仮説に対してザーン・ワックスラーとラドケ・ヤロウ（Zahn-Waxler & Radke-Yarrow）は，母親からの報告およびビデオテープによる観察記録から，子どもたちは1歳台に，苦しんでいる他者を助ける，物を与える，慰めるなどの介入能力を発達させること，そしてその発達には，自己認識と自己リファレンシャル行動（例えば，他者が傷ついたとき，自分自身の傷つきを指摘する）の発達が密接に結びついていることを明らかにした[25]。また，日本においては，川井尚らが，乳児―乳児相互関係が，大人―乳児関係とは違った形で成立することを観察から実証的に報告している。

　レヴィンジャー（Loevinger）は，自我とは人が自分自身や世界を意味づける枠組みであると考え，自我発達の理論を唱えている[26]。自我発達の7つの段階は表2-12に示されている。

　ここでいう自我発達の7つの段階は社会性発達スケールにおける「I．他児との関係が深まる過程」との共通点が見出せる。しかし，レヴィンジャーの自我発達の7段階では各段階に対する年齢範囲は示されていなく，実際には年齢が高くなるとともに段階も高くなるという関係が見られる。レヴィンジャーは，段階を年齢と独立したものとして設定することによって，改めて両者の関係を探求できると考えている。

　次に，櫃田紋子らは，乳児期の社会的行動の出現について観察し，次のように報告している[27]。

1) 3ヶ月～4ヶ月：他児とは主として物に対する関心の共有という形で間接的に結びついている。まだお互いの存在が刺激になりにくい段階。
2) 5ヶ月～9ヶ月：他児を見る行為が多くなる。姿勢が安定してきて注視の対象として他児の存在が重要な意味をもちはじめたためと思われる。6ヶ月から他児への動作によるかかわりが増え始める。この頃になると操作能力が育ってきて，それを用いて互いに積極的な関心を向け合い，見るだけでなく動作的にもかかわりをもちだした段階。

**表2-12 項目Iとレヴィンジャーの自我発達理論との比較**

| | レヴィンジャーによる自我発達と対人関係 | I．他児との関係が深まる過程 |
|---|---|---|
| ① 社会的・共生的段階 | 社会的段階の子どもは，自分自身の身体的欲求以外すべてのことを気にとめておらず，対象の世界の安定性を理解していない。対人関係については自閉的であるといえる。共生的段階の子どもは対象の世界の安定性を理解できているが，母親や母親代理との共生的関係を保っている。この段階には言語的手法によって接近することができない。これらは自我発達の段階を完全なものにするために設定されたものである。 | ① 他児の動きには全く無関心，他児からの働きかけにも無反応。 |
| | | ② 他児の激しい動き，大きな声のみ注視する。他児からの働きかけに不快感を示したり，微笑んだりの情緒表出が見られる。 |
| ② 衝動的段階 | この段階の子どもは，衝動的であり自己主張的であるが，この衝動は自分の同一性を確かなものにするのに役立っている。この段階の子どもは他者に対して要求がましく依存的である。他者は何よりも自分が欲しているものを与えてくれる人間か，奪い取る人間かのどちらかであるとみなされる。 | ③ 自分の周りに遊具があっても，他児の持つ物に関心がいき，物を媒介にして他児に興味をもつ。 |
| | | ④ たまたまそばにいる他児を見て，声を出して呼びかけたり笑いかけたりする。他児の働きかけをきっかけに単純な応答的行動が生じる。 |
| ③ 自己保護的段階 | 統制の最初のステップは，直接的な賞罰を予測するのを学んだときに起こる。この段階の子どもは，規則があると言うことを理解はするが，その主たる規則は見つかることが悪いということである。他者との関係は搾取的，操作的であり，利用するか利用されるか，支配するか支配されるかということに関心が向いていて，人生を一人が得をすればもう一人は損をするというゲームであるとみなしている。 | ⑤ 大人から自分がしてもらったように，泣いている他児の肩に触れ顔を覗き込んだり，ブランコや車を押すが相手の反応は確認しない。 |
| ④ 同調的段階 | この段階への重大なステップは，自分自身の幸福な状態を家族や仲間といった集団の幸福な状態と同一視するときに生じる。この段階の人は，規則が集団に受け入れられている規則であるためにそれに従うとし，人に承認されないことは彼にとっては有力な制裁となる。外見や社会的に受け入れられることや評判に関心が向き，個人差には鈍感である。集団に所属していることが安心感をもたらしてくれ，競争志向であった自己保護的段階の人に比べ，他者の役に立つことや他者と協力することに価値をおく。 | ⑥ 他児が遊んでいるのに介入して相手の反応を見る。他児からの積極的な働きかけに対し，大人の援助があれば応じる。 |
| | | ⑦ 他児に積極的に関心を示し，大人の援助なしにかかわり合う。動きはお互いに影響され合う。 |
| ⑤ 良心的段階 | この段階では長期的な自己評価的な目標や理想，分化した自己批判，責任感といった大人の良心を構成する主たる要素が現れる。この段階の人は，規則に違反することに対して罪悪感を感じるというよりも，たとえ規則にしたがっていたとしても，自分がしてしまったことが他者を傷つけたのであれば，そのことについて罪悪感を感じる。内的生活は豊かに分化したものになり，行動は感情や動機によって見られるようになり，他者の見地の理解が深まるとともに，対人関係における相互性が可能になる。 | ⑧ はっきりした意図をもって他児に働きかけるが，うまくいかずに反対の行動に出たり，けんかになったりする。 |

(表2-12 項目 I とレヴィンジャーの自我発達理論との比較の続き)

| | | |
|---|---|---|
| ⑥ 自律的段階 | この段階を特徴づけるのは，要求や義務の間に生じる内的葛藤を認めそれに対処するという能力である。この段階の人は，他の段階の人より多くの葛藤をもっているというのではなく，葛藤を無視したり，環境に投影したりすることなくそれを認め対処する勇気をもっているのである。また，他者のもつ自律性に対する要求を認め，前の段階の良心の抑制的な要求から自由になっているが，情緒的な相互依存が避けられないものであるという自律性の限界も認める。良心的段階の人も，他者が動機をもっていることを理解しているが，この段階の人は，自分や他者が過去の経験の結果として動機を発展させてきているとみなす。 | ⑨ 他児の反応を予想して積極的に働きかけたり，他児からのかかわりにうまく応じられる。 |
| ⑦ 統合的段階 | 自律的段階の特徴の大部分がこの段階でも保持されるが，新たに内的葛藤が調和し，同一性の感情が固まり，個性を育むことが加わる。この最高段階，そこに到達する人は少なく記述するのがもっとも困難な段階である。レヴィンジャーは，マズロー（Maslow）のいう自己実現した人間がこの段階の人に当てはまるだろうとしている。 | ⑩ 他児をリードして思いやれる。特に親しい友人関係を成立させる。 |

3） 10ヶ月～12ヶ月：対大人行動が少しずつ増える。この時期は親を安全基地としながら探索活動を開始する時期であり，それだけ他児へのかかわりは減少する段階。

このように乳児の段階から集団場面においては，他児への関心は従来考えられていたよりかなり早くから出現し始めていることが明らかになってきている。

### （10） 項目 J と三者関係

対人関係の基礎には母子関係のような基本的信頼関係が成立していることが重要であるとの指摘は多い（エリクソン他）。母親への基本的信頼が，次に仲間への信頼を抱きやすくすると考えられる。一方で乳児の同年齢他児への関心はそれと並行して出現していることについても先行研究[28,29]で明らかになってきている。

項目 A の「母親から分離していく過程」の中で述べられているように，先行研究において，人間関係の発達理論は特に母子関係理論がその多くを占めており，特に乳幼児期における同年代集団での対人関係の発達研究はほとんどされてこなかったのが現状といえる。

マーラーらは，人の心理的誕生の過程を分離－個体化過程と名づけ，子どもが母親や，さらには世界から分離しているという感覚をもつことであり，個体化は，知覚，記憶，現実検討の上にできる自立した能力の発達のこととしている。このマーラーの分離－個体化理論の中では母子関係を中心に展開しており，9ヶ月～14ヶ月の練習期といわれる時期に母親と離れ探索行動を行うようになるとしているが，対人関係の中心はあくまで母子関係となっている。24ヵ月以降の個体性の確立と情緒的対象恒常性の開始期になって初めて母親から離れて集団内で自立的に活動することができるようになる，としている[30]。

初めての保育場面，人間関係においては仲間としての他児への関係が成立するのためには，大人すなわち保育士の援助が必要である。

適切なときに適切なやり方で相手に反応するという相互作用能力の発達には，いないいないば

あとか，かくれんぼのようなやりとりの遊びを通して大人が大きな役割を果たすが，次第に子どもたちだけで協同的な遊びまでできるようになる[31]。

保育の現場において，子どもを取り巻く人間関係は数多く存在するが，特に保育者との関係，友達との関係が大きな影響力をもつ。保育士，友達の存在に気づき，三者の関係を子どもなりに理解していくプロセスを，田中真理は3段階に分けて次のように述べている[32]。

> 第1に，園内の建物やスケジュールなどにも慣れ，親と離れたあとは，保育者が自分にかかわってくれる身近な存在であることを意識しはじめる。園内で親に代わる存在を認識できるようになり，情緒が安定してくる。第2に，友だちの存在に気づくプロセスである。
>
> その友だちと一緒に遊んだり，ごはんを食べたり，誕生日会や運動会などの行事に参加したりするなど，共通した経験の積み重ねを行っていく。さらに，年長組になるにつれて，友だち同士で行動をともにすることが多くなる。仲良しグループも発生する。子どもは，かかわってくれる保育者と大勢の友だちがいることに気づくと，保育者は『みんな』の保育者であり，独占できない存在であることを理解する。これが第3のプロセスである。

岡野雅子[33]によれば，「2歳頃までに成立し始めた二者関係スキルを基盤として，さらに幼児期には三者以上の関係成立へとつながっていくことになるが，幼児期前期の仲間関係は対人的スキルの未熟さからトラブルが発生しやすく，特に3歳未満の段階では保育者の介入によって終結する場合が多いと指摘している。このことは，保育者の存在が子ども同士のトラブルを解決する上で重要であるばかりでなく，その状況にかかわった子どもたちにとってはトラブル解決のモデルが提示されることになり，その後同じような状況が発生した際に自分たちで解決していく方略について学習する機会となる」。

本スケールの1段階・2段階は未分化な段階であり，ここでいう二者関係スキルを獲得する以前の状況といえる。6段階，7段階になると岡野の指摘する段階に相応するといえる。

## 【引用文献】

1）東山紘久ほか（1970）「精神薄弱幼児の遊戯治療と訓練の過程」『臨床心理学研究』9（2），pp.43-53
2）Mahler,M.S., Pine,F. & Bergman,A. (1975) *The Psychological Birth of the Human Infant*, Basic Book（＝1981, 高橋雅士・織田正美・浜畑紀訳『乳幼児の心理的誕生』黎明書房）
3）横浜恵三子（1980）「保育場面と実験場面における乳幼児の不安に関する研究」『教育心理学研究』28（1），pp.28-37
4）柴田幸一（1985）「登園時における母子分離不安に及ぼす要因について」『静岡大学教育学部研究報告（人文・社会科学篇）』36，pp.185-193
5）今井和子（1990）『自我の育ちと探索活動—三歳までの遊びと保育—』ひとなる書房
6）宮本信也（2005）「子どもの不安と心身の問題」久保木富房編『子どもの不安症』日本評論社，p.1
7）若井邦夫（1985）『幼児教育法 乳幼児の発達と心理』三晃書房，p.67
8）笠原嘉（1999）『不安の病理』岩波新書，pp.14-15
9）ピアジェ著，波多野完治訳（1965）『発達心理学』国土社

10) Premack, D. & Woodruff, G. (1978) Does the chimpanzee have a theory of mind? *Behavioral and Brain Sciences*, 4, pp.515-526
11) 木下孝司（1996）「子どもが〈心〉の存在に気づくとき」『発達』17 (66), pp.28-35
12) 丸野俊一（1996）「心の理論とは」『発達』17 (66), pp.20-27
13) 柏木惠子（1988）『幼児期における「自己」の発達―行動の自己制御機能を中心に』東京大学出版会
14) 水野里恵・本城秀次（1998）「幼児の自己制御機能：乳幼児期と幼児期の気質との関連」『発達心理学研究』9 (2), pp.131-141
15) 小島道生・池田由紀江（2000）「ダウン症者の自己制御機能に関する研究」『特殊教育学研究』37 (4), pp.37-48
16) 13) 前掲書, p.156
17) Sroufe, L.A. (1979) Socioemotional development. In J. D. O. Osofsky (eds.), *Handbook of infant development*, New York. Wiley, pp.462-516
18) Parten, M., Newhall, S.M. (1943) : Social behavior of preschool children. Barker, R., Wright, H.F. (eds.) : *Child behavior and development*, pp.509-525, McGraw-Hill
19) Parten, M. (1932) Social participation among pre-school children. *Journal of abnormal and social psychology*, 27, pp.243-269
20) Ainsworth, M.D.S., Waters, E., and Wall, S. (1978) *Patterns of attachment*, Lawrence Erlbaum Associates
21) 澤田瑞也編（1995）『人間関係の生涯発達』培風館
22) 保育者と研究者の連携を考える会編（2000）『保育における人間関係』ナカニシヤ出版
23) Sagi, A. & Hoffman, M.L. (1976) Empathic distress in newborn. *Developmental Psychology*, 12, pp.175-176
24) Hoffman, M.L. (1978) Psychological and biological perspectives on altruism, *International Journal of Behavioral Development*, Vol.1 No.4, pp.323-339
25) Zahn-Waxler and Radke-Yarrow, M., Wagner, E. & Chapman, M. (1992) Dvelopment of concern for other. *Developmental Psychology*, 28, pp.126-136
26) 澤田瑞也編（1995）『人間関係の生涯発達』培風館（Loevinger, J. (1977) *Ego development*, Jossey-Bass）
27) 櫃田紋子・浅野ひとみ・大野愛子（1986）「乳幼児の社会性の発達に関する研究」『日本教育心理学会第28回総会発表論文集』
28) 前掲書26)に同じ
29) 前掲書27)に同じ
30) 前掲書2)に同じ
31) 金田利子・柴田幸一・諏訪きぬ（1990）『母子関係と集団保育―心理的拠点形成のために―』明治図書
32) 前掲書22)に同じ
33) 岡野雅子（1996）「第5章」佐藤眞子編『乳幼児期の人間関係』培風館

**【参考文献】**
・川端啓之（1995）『ライフサイクルからみた発達臨床心理学』ナカニシヤ出版
・Newman, B. M., Newman, P. R. (1984) *Development through life (3rd ed)*, Brooks Cole. (= 1988, 福富護訳『新版 生涯発達心理学―エリクソンによる人間の一生とその可能性』川島書店)
・奥山眞紀子（1999）「虐待された子どもの心理と行動」『児童心理臨時増刊』53 (6), pp.23-30
・杉山登志郎（2002）「自閉症への理解と対応」『母子保健情報』46, pp.62-66
・宮本信也ほか（2002）「虐待が子どものこころに与える影響」『子どもの虐待とネグレクト』4 (1), pp.87-96

## 第3章 プロセススケールを用いた障害児保育

本章では，第2章で理論化した保育所(園)での，発達上目立った障害のない子どものプロセススケールを用い，保育現場で「障害のある子どもを対象とした」調査を行った結果，得られたレーダーチャートが，いくつかの特徴あるパターンに分かれることがわかったので類型化し，その意味を考察する。

### 1．レーダーチャートの類型化

#### （1）目　的

障害にあわせた具体的な対応のあり方，保育の進め方を見出す手立てとするために，実際に保育所に通う障害児の個々のケースをスケールチェックしたところ，その子どもの障害の種別と発達の段階によって，レーダーチャート上には，さまざまなパターンが現れたが，それぞれの特徴を，広義の発達障害との関連のもとに類型化する。

#### （2）対象児の概況

類型化の対象とした障害のある子どもは，676人（最少年齢1歳1ヶ月，最高年齢6歳9ヶ月，平均年齢4歳7ヵ月，中央値4歳5ヵ月）である（表3－1，図3－1）。

対象児の年齢別数は，4歳以上5歳未満が226人（33％）と最も多く，2歳未満が27人（4％）と最も少ない。

表3－1　対象児の年齢

| 年　齢 | 人　数 | ％ |
|---|---|---|
| 1歳未満 | 3 | 0 |
| 1歳以上2歳未満 | 24 | 4 |
| 2歳以上3歳未満 | 52 | 8 |
| 3歳以上4歳未満 | 146 | 22 |
| 4歳以上5歳未満 | 226 | 33 |
| 5歳以上6歳未満 | 158 | 23 |
| 6歳以上 | 67 | 10 |
| 総　計 | 676 | 100 |

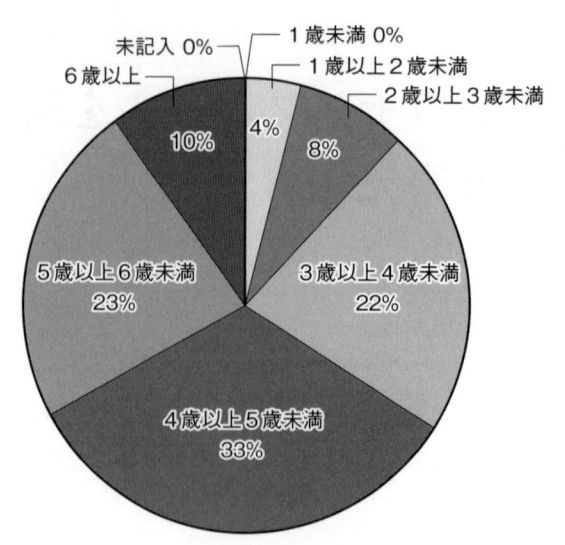

図3-1　対象児の年齢別グラフ

表3-2　対象児の障害

| 障害 | 内訳 | 人数 | ％ |
|---|---|---|---|
| 知的障害 | 言語発達遅滞<br>その他 | 471 | 70 |
| ダウン症 | 21トリソミー | 61 | 9 |
| 広汎性発達障害 | 自閉症・自閉傾向 | 55 | 8 |
| 注意欠陥/多動性障害 | 多動<br>ADHD，MBD等 | 11 | 2 |
| 肢体不自由・その他 | 脳性麻痺<br>骨関節疾患<br>不明 | 78 | 12 |

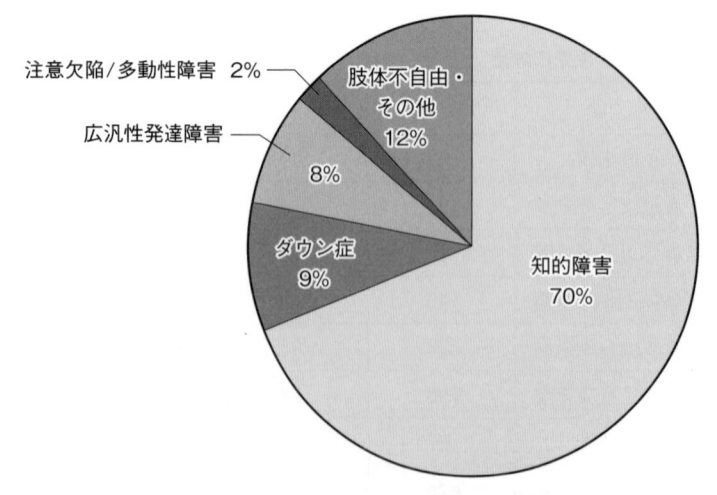

図3-2　対象児の障害別グラフ

対象児の障害別では，知的障害児（言葉の遅れを含む非冠名症候群）が471人（70％）と最も多く，次いで，脳性麻痺などの肢体不自由児78人（12％），ダウン症児61人（9％），広汎性発達障害児55人（8％），注意欠陥/多動性障害児11人（2％）である（表3－2，図3－2）。

疾患と年齢の関係を見ると，各疾患の年齢分布には際だった特異性はなく，いずれも3歳以上6歳未満に集中している。

以下，対象児のレーダーチャート上のパターンを一つひとつ検討し類型化していった。

### （3）結　果

**1）レーダーチャート上のパターンによる社会性発達の類型化**

レーダーチャート上には，いろいろなパターンが描き出されたが，検討の結果その特徴をもとに，タイプⅠ～タイプⅥまでの6つのパターンに分類することにした（表3－3，表3－4）。

タイプⅠは，AからJまでの，各プロセスの該当箇所にプロットされた各段階をつなぎあわせると全体がほぼ年齢標準的な円形をなすもので，いわば標準発達型というべきタイプである。それなりにバランスよく年齢に応じた発達を示すグループである。

タイプⅡは，暦年齢に比して全体的に評価が極端に低く，チャート上では，その大部分が0～

**表3－3　タイプの類型化と特徴**

| タイプⅠ「標準型」 | タイプⅡ「未熟型」 |
|---|---|
| 大きく丸い形。バランスよく年齢に応じた発達である。 | 中心へ向かって小さな円。すべてにわたって未熟な状態である。母子分離ができず，まだ集団の経験がない，あるいは浅い。 |
| タイプⅢ「D型」 | タイプⅣ「逆D型」 |
| F，G，I，Jの左半分がへこんでいる形。人への関心は未熟だが，セルフコントロールはできている。 | D，E，Cの右半分がへこんでいる形。セルフコントロールや遊びの内容は未熟だが，集団への関心はある。 |
| タイプⅤ「不定型」 | タイプⅥ「J型」 |
| タイプⅠ～Ⅳのいずれでもなく，ある部分は突出しているが，ある部分はへこんでいるなど。発達にばらつきがある。 | 母子分離不安や不安，緊張はなくなってきており，集団参加はできるが，制限の理解やセルフコントロールが未熟である。 |

表3-4 年齢別タイプ

| 年齢 | タイプI<br>「標準型」 | タイプII<br>「未熟型」 | タイプIII<br>「D型」 | タイプIV<br>「逆D型」 | タイプV<br>「不定型」 | タイプVI<br>「J型」 |
|---|---|---|---|---|---|---|
| 1歳未満 | 1 | 0 | 0 | 1 | 0 | 0 |
| 1歳以上2歳未満 | 8 | 6 | 3 | 3 | 3 | 1 |
| 2歳以上3歳未満 | 16 | 7 | 16 | 4 | 2 | 7 |
| 3歳以上4歳未満 | 42 | 27 | 49 | 17 | 7 | 4 |
| 4歳以上5歳未満 | 81 | 22 | 63 | 30 | 15 | 15 |
| 5歳以上6歳未満 | 70 | 7 | 41 | 23 | 10 | 7 |
| 6歳以上 | 26 | 3 | 20 | 10 | 5 | 3 |
| 未記入 | 1 | 0 | 0 | 0 | 0 | 0 |
| 総計 | 245 | 72 | 192 | 88 | 42 | 37 |

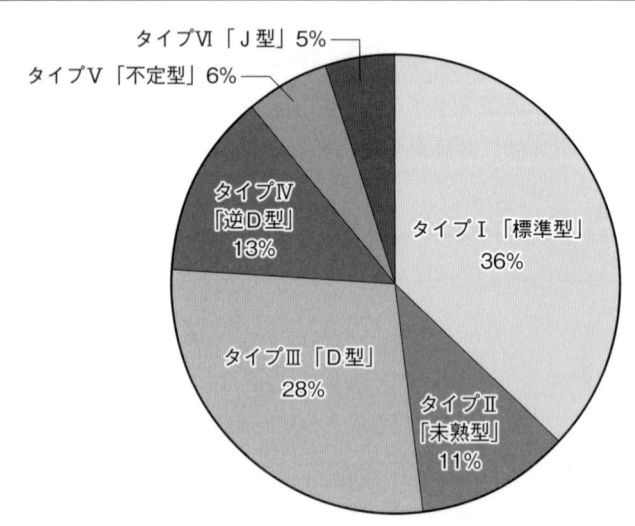

図3-3 タイプ別割合

タイプI「標準型」36%
タイプII「未熟型」11%
タイプIII「D型」28%
タイプIV「逆D型」13%
タイプV「不定型」6%
タイプVI「J型」5%

1歳レベルを超えない，中央凝縮型を示すので，「未熟型」とした。母子分離ができず，まだ集団の経験がない，あるいは浅いと考えられるグループである。

　タイプIIIは，項目A，B，C，D，Eの右半分の評価が高く，その形状から「D型」とした。人への関心は未熟だが，セルフコントロールはできているグループである。

　タイプIVは，逆に項目C，D，Eの評価が低く，その形から「逆D型」とした。セルフコントロールや遊びの内容は未熟だが，集団への関心はあるグループである。

　タイプVは，型の上での特徴が，これまでのタイプのいずれにも当てはまらない，雑多なタイプなので，まとめて「不定型」とした。発達にばらつきがあるグループである。

　タイプVIは，項目Aと項目Bは年齢相応に発達していると評価されているが，他の項目の評価が低く，全体として項目Aと項目Bが突出している。その形から，「J型」とした。母子分離不安や不安，緊張はなくなってきており，集団参加はできるが，制限の理解やセルフコントロールが未熟なグループである。

## 2) チャートの形状から見たタイプ別・疾患別特徴

対象児のレーダーチャートを，形状的にタイプⅠ～タイプⅥに分類した結果，各グループには，それぞれの特徴が見られた（図3－3，表3－5）。

### ① タイプ別特徴

タイプ別では，タイプⅠ「標準型」が最も多く，245人（36％）を数え，次いでタイプⅢ「D型」192人（28％），タイプⅣ「逆D型」88人（13％），タイプⅡ「未熟型」72人（11％），タイプⅤ「不定型」42人（6％），タイプⅥ「J型」37人（5％）の順に多かった。

タイプⅠには，知的障害児170人（71％），肢体不自由児・他39人（16％），ダウン症児25人（10％）などが多いが，それぞれの疾患群の中でも，比較的コミュニケーション能力の高い子どもたちである。

タイプⅡには，知的障害児38人（53％），広汎性発達障害児19人（26％）など，対人関係を主とする全体的発達の障害が懸念される子どもたちが多い。

タイプⅢには，知的障害児150人（77％）が最も多いが，広汎性発達障害児17人（9％）に加え，ダウン症児および肢体不自由児・他も共に11人（6％）見られる。対人関係が広がり難いが，保育所内の行事や通常の保育活動に必要なレベルのセルフコントロールができる子どもたちである。

タイプⅣには，知的障害児57人（63％）のほか，肢体不自由児・他の17人（19％）が目立つ。対人関係はよいのだが，場所不安，行事不安が残り，保育所（園）での決まりごとや行事になかなかなじめない子どもたちである。

タイプⅤは，ダウン症を含む知的障害児に多く，広汎性発達障害児の一部にも見られる。

タイプⅥは，タイプⅡの発展型とも思えるが，広汎性発達障害児や注意欠陥/多動性障害児には全く見られなかった。

### ② 疾患別特徴

疾患別にみると，知的障害児では，タイプⅠ「標準型」が170人（36％），続いてタイプⅢ「D型」が150人（32％）と，それぞれ全体の約3分の1を占めている（図3－4）。ダウン症では，タイプⅠ「標準型」が25人（41％），続いてタイプⅢ「D型」が11人（18％）であり，タイプⅠが半数近く占めているが，その分布は知的障害児の場合とよく似ている（図3－5）。広汎性発達障害

**表3－5 障害別タイプ**

| 障害種別 | タイプⅠ「標準型」 | タイプⅡ「未熟型」 | タイプⅢ「D型」 | タイプⅣ「逆D型」 | タイプⅤ「不定型」 | タイプⅥ「J型」 | 総計 |
|---|---|---|---|---|---|---|---|
| 知的障害 | 170 | 38 | 150 | 57 | 25 | 31 | 471 |
| ダウン症 | 25 | 7 | 11 | 7 | 8 | 3 | 61 |
| 広汎性発達障害 | 5 | 19 | 17 | 7 | 7 | 0 | 55 |
| 注意欠陥/多動性障害の疑い | 2 | 2 | 5 | 2 | 0 | 0 | 11 |
| 肢体不自由・他 | 39 | 6 | 11 | 17 | 2 | 3 | 78 |
| 総計 | 241 | 72 | 194 | 90 | 42 | 37 | 676 |

児では，タイプⅡ「未熟型」19人（35%），タイプⅢ「D型」17人（31%）が多く，それぞれ全体の約3分の1を占めている（図3-6）。注意欠陥/多動性障害児では，約半数の5人（46%）がタイプⅢ「D型」であった（図3-7）。肢体不自由児・他では，半数の39人（50%）がタイプⅠ「標準型」で，続いてタイプⅣ「逆D型」17人（22%）あった（図3-8）。

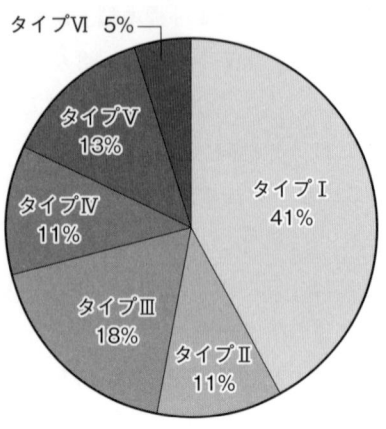

図3-4　知的障害

タイプⅥ 7%
タイプⅤ 5%
タイプⅣ 12%
タイプⅠ 36%
タイプⅢ 32%
タイプⅡ 8%

図3-5　ダウン症

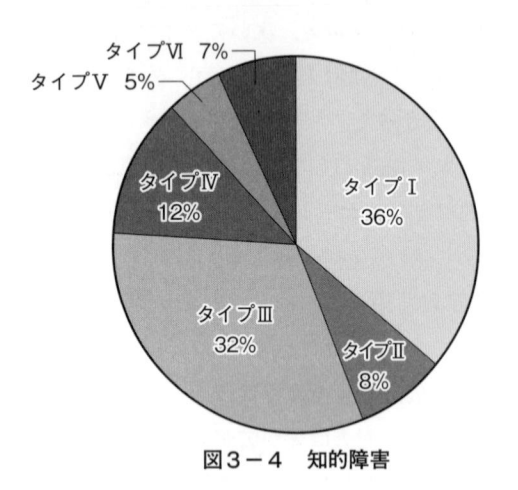

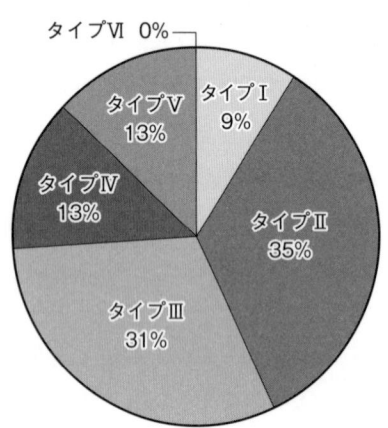

タイプⅥ 5%
タイプⅤ 13%
タイプⅣ 11%
タイプⅠ 41%
タイプⅢ 18%
タイプⅡ 11%

図3-6　広汎性発達障害

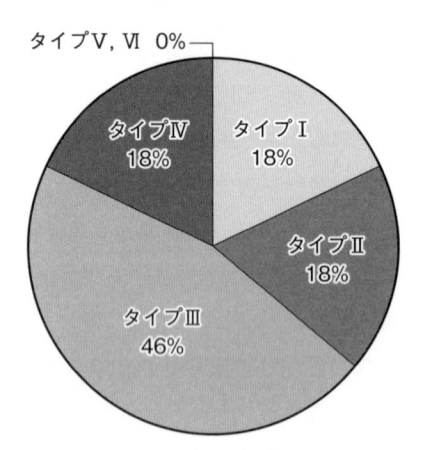

タイプⅥ 0%
タイプⅤ 13%
タイプⅣ 13%
タイプⅠ 9%
タイプⅡ 35%
タイプⅢ 31%

図3-7　注意欠陥/多動性障害

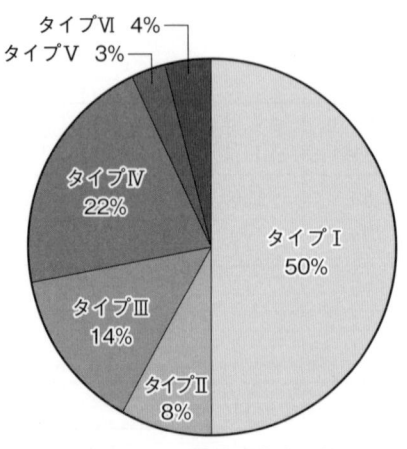

タイプⅤ, Ⅵ 0%
タイプⅣ 18%
タイプⅠ 18%
タイプⅡ 18%
タイプⅢ 46%

図3-8　肢体不自由・他

タイプⅥ 4%
タイプⅤ 3%
タイプⅣ 22%
タイプⅠ 50%
タイプⅢ 14%
タイプⅡ 8%

### (4) 考　察

　知的障害児やダウン症や，肢体不自由児・他ではタイプⅠ「標準型」が多く，広汎性発達障害ではタイプⅡ「未熟型」が，注意欠陥/多動性障害児ではタイプⅢ「D型」が多く見られた。

　第4章で具体的に述べているが，発達の遅れには，①認識の遅れと②「関係」の遅れ，という二軸構造がある。

　知的障害群は，この二軸構造でいう①の認識の遅れが前面にでているタイプである。そのため，全体的に年齢より低くなるものの，発達にばらつきのない標準的な円形を示すタイプⅠ「標準型」が最も多くなったと考えられる。続いて，保育所入所初期に行われたスケールチェックのため，集団への関心が未熟だがセルフコントロールのできるタイプⅢ「D型」が多くなったとも考えられる。

　ダウン症は染色体異常から起因する障害で，身体的特徴がある他，発達遅滞を伴うことが多い。一般的に社会適応がよいといわれているが，言語表出が遅れる特徴がある。そのため，知的障害群とタイプの分布が似た結果になったと考えられる。

　脳性麻痺児などの肢体不自由群で，タイプⅠに続いて2番目にタイプⅣ「逆D型」が多いのは，運動障害からくる機能の問題や経験不足などの原因が考えられる。

　広汎性発達障害児は，第4章（p.57）で述べる二軸構造でいう，②の「関係」の遅れが前面に出ているタイプである。このスケールは社会性の発達を主軸にしたスケールであり，広汎性発達障害は，社会性の障害が特徴となる障害であるので，年齢に比べて全体的に評価が極端に低い中央凝縮型の「未熟型」が多くなると考えられる。

　注意欠陥/多動性障害児には，タイプⅢ「D型」が最も多かったが，サンプル数が少ないため，明らかな特徴といえるかどうかはわからない。しかし，広汎性発達障害児にも注意欠陥/多動性障害児にも，タイプⅥ「J型」を示すものは全くいなかった。タイプⅥ「J型」は，全体として項目A「母親から分離していく過程」と項目B「不安感，緊張感の減少過程」での評価が高いタイプである。「関係」の遅れのため，母親との愛着関係の形成が遅れ，新奇場面が苦手な広汎性発達障害児で，タイプⅥの「J型」がゼロだったのは納得できる結果である。また，注意欠陥/多動性障害児は，新奇場面に弱く，好奇心旺盛で，衝動性が高いため，項目Aに挙げられているようなしっとりとした母子分離をせず，また新奇場面で不安感を示さない可能性が考えられる。

　このように，障害の特性とタイプの示す臨床像は一致している。

## 2．タイプ別の変化

　次に，障害児保育によってそれぞれのタイプがどのように変化していったのか，追跡調査した結果を分析し，障害による変化の特徴を明らかにした上で，障害による対応方法について考察する。

### （1）目　的

　プロセススケールを2回以上チェックした，障害児363名のそれぞれの障害にみられるタイプの特徴と障害の種別によるタイプの変化について調べ，その結果から得られた障害とタイプに合

わせた具体的な対応のあり方や保育の進め方について考察した。

### (2) 対象児の概況

1回目のスケールチェックは保育所入所の際に行われている。対象とした障害児676名のうち，入所後1年ないし2年のフォローで2回目のスケールチェックを行い，その後の変化をみることのできた子どもは363名（53.7％）である。追跡期間はそれぞれのケースによって異なる。

スケールのチェックとともに，全ケースにおいて，子どもの状況・家族のエコマップ・子どもの保育所での生活状況に関する記録が一定の書式にしたがって記録されている。子どもの状況では，性別・年齢の他に治療歴，訓練歴，保育歴の有無や既往歴が記入されている。家族のエコマップでは，家族構成の他に，両親それぞれの障害受容・育児態度に関する記録が記入されている。子どもの保育所での生活状況に関する記録では，食事・排泄・着脱・コミュニケーションの状況・行動等の記録が記入されている。

### (3) 結　果
① 変化の特徴

2回スケールチェックを行った363ケースのうち，障害という点では，多様性に富む肢体不自由・他のうち「他」67名を除く296人についてタイプの変化を追った。タイプ別の変化について，特に一定の傾向が見られたものを表3－6にまとめた。

表3－6　タイプ別変化

| 1回目のタイプ | 2回目のタイプ | ％ |
|---|---|---|
| タイプⅠ | タイプⅠ | 88 |
| タイプⅡ | タイプⅠ | 28 |
| | タイプⅡ | 11 |
| | タイプⅢ | 32 |
| タイプⅢ | タイプⅠ | 63 |
| | タイプⅢ | 33 |
| タイプⅣ | タイプⅠ | 68 |
| | タイプⅢ | 24 |
| タイプⅤ | タイプⅠ | 36 |
| | タイプⅤ | 28 |
| | タイプⅢ | 20 |
| タイプⅥ | タイプⅠ | 38 |
| | タイプⅥ | 38 |

## 2. タイプ別の変化　53

次にタイプの変化を障害別で見てみると以下のような結果となる。

**表3-7　障害別タイプの変化**

広汎性発達障害児　37人　　　　　　　　　　　　　　　　　　　　　　（％）

| 回数＼タイプ | I | II | III | IV | V | VI |
|---|---|---|---|---|---|---|
| 1回目 | 0 | 84 | 8 | 3 | 5 | 0 |
| 2回目 | 11 | 35 | 35 | 14 | 5 | 0 |

ダウン症児　29人　　　　　　　　　　　　　　　　　　　　　　　　　（％）

| 回数＼タイプ | I | II | III | IV | V | VI |
|---|---|---|---|---|---|---|
| 1回目 | 26 | 32 | 26 | 0 | 16 | 0 |
| 2回目 | 63 | 0 | 16 | 0 | 5 | 16 |

知的障害児　206人　　　　　　　　　　　　　　　　　　　　　　　　（％）

| 回数＼タイプ | I | II | III | IV | V | VI |
|---|---|---|---|---|---|---|
| 1回目 | 20 | 46 | 18 | 8 | 7 | 1 |
| 2回目 | 54 | 2 | 27 | 11 | 3 | 3 |

肢体不自由児　24人　　　　　　　　　　　　　　　　　　　　　　　　（％）

| 回数＼タイプ | I | II | III | IV | V | VI |
|---|---|---|---|---|---|---|
| 1回目 | 17 | 50 | 17 | 8 | 8 | 0 |
| 2回目 | 54 | 4 | 8 | 25 | 4 | 4 |

② タイプの変化とコミュニケーション

　タイプの変化を決定する要因について，調査票の項目からさらに細かくみることにした。その中で，顕著な特徴を示したのが，コミュニケーションの項目だった。また，コミュニケーション以外の項目で，両親の障害受容や育児態度，また子どもの食事・排泄・着脱・行動等の項目では，特に顕著な特徴を示す項目はなかった。

　コミュニケーションのチェック項目には，「視線が合わない」「指差し」「オウム返し」「無意味語」「単語・多語文」の5つの段階がある。

　対象とした290名のうち，1回目のスケールチェック時に，「単語・多語文」の出ている129ケースでは，2回目のチェック時で，その半数がタイプI「標準型」へ変化していた（表3-8）。また，1回目のスケールチェック時に「単語・多語文」の出ているケースで，2回目のチェック時にタイプII「未熟型」のままだったケースはなかった。

　その結果，最初のコミュニケーションの段階とタイプの変化は，関係している可能性があることがわかった。1回目のチェック時の子どものコミュニケーション段階で，その後の変化を予測する重要な手がかりとなると思われる。

表3-8 コミュニケーションとタイプの変化

| コミュニケーション | 人　数 | 1回目タイプI | 2回目タイプI |
|---|---|---|---|
| 視線が合わない | 14 | 0 | 4 |
| 指差し | 32 | 1 | 3 |
| オウム返し | 51 | 1 | 15 |
| 無意味語 | 64 | 3 | 25 |
| 単語・多語文 | 129 | 12 | 66 |

### (4) 考　察

　2回目のスケールチェックを行い，フォローしたケースを見てみると，全てのケースにおいて，タイプⅠ「標準型」に向かう傾向にあることがわかった。また，タイプⅡ「未熟型」は，タイプⅢ「D型」へ移行する率が高い。

　広汎性発達障害児では，1回目は圧倒的にタイプⅡ「未熟型」が多く，2回目はそのままタイプⅡ「未熟型」にとどまる場合とタイプⅢ「D型」に移行する場合とが大半を占めており，次いでタイプⅠ型「標準型」，タイプⅣ「逆D型」に移行する傾向にある。これは，広汎性発達障害児の臨床像と一致している。最初のスケールチェック時には，その「関係」の遅れが前面に出て，タイプⅡ「未熟型」を示すが，「認知」が「関係」の遅れをカバーし，人よりも設定環境に適応し，タイプⅢ「D型」へと移行する。それから，集団に適応し，経験を積む中で，タイプⅠ「標準型」へ広がると考えられる。

　そのため，広汎性発達障害児に関しては，その障害の特性を活かし，集団に無理やり入れようとせず，集団より先に，物理的な環境や設定場面に慣れてもらうことが大切である。そのためには，保育の構造化が有効であると思われる。机，ロッカーなどの配置，また壁面などを工夫し，「どこで」「なにを」「いつ」「どこまで」するのかわかりやすくするよう，保育室を構造化したり，次に「なにを」するのかわかるようスケジュールを示すなど，設定場面を工夫したり，パターンを作ったりすることが大切である。物理的な環境に慣れ，自分のセルフコントロールができるようになってから，集団に少しずつ誘うなど，他児へ関心を広げていく保育を展開することが重要だと思われる。

　また，知的障害児やダウン症児の場合，フォローできたケースは，1回目のチェック時に暦年齢の低いケースが多かった。そのため，1回目は，タイプⅡ「未熟型」が多く，次にタイプⅠ「標準型」，タイプⅢ「D型」が多かった。しかし，2回目では，タイプⅡ「未熟型」は消失し，それぞれの大半がタイプⅠ「標準型」へ移行している。

　知的障害やダウン症など「認知」の遅れが前面にでる障害の場合，発達年齢に応じた保育が保障されることで順調に伸びていくことが考えられる。広汎性発達障害群とは逆に集団を活かし，他児の動きを見たり真似たりすることで，物理的な環境や設定場面を理解できるよう働きかけることが重要だと思われる。

　肢体不自由児は，1回目チェック時点で圧倒的にタイプⅠ「標準型」が多い。そのため，肢体

不自由児は，発達年齢に応じた保育が保障されることが望まれる。運動障害があるから，危険だからなどの理由で，経験を奪わないような配慮が大切である。

また，タイプⅡ「未熟型」からどのタイプへ変化するかは，コミュニケーションの状態がある程度予測する指標になるといえる。最初のチェック時に，コミュニケーションの状態を注意深く観察することが大切である。

第3章では，レーダーチャート上のパターンを類型化し，障害の示すレーダーチャートのタイプの可能性，またその変化を追った。

障害児保育の場面や療育場面などで，レーダーチャートを活用し，個々の子どもの描き出すレーダーチャートのパターンから，その子の特性を把握し，見通しをもった対応をしていくことが望まれる（図3-9）。そして，定期的にレーダーチャートを記録し，その子の社会性の変化を追うことで，対応が間違っていないかを振り返りつつ，また，子どもの変化に合わせ，新たな対応を考えていくことが重要である。

項目や障害に合わせたより具体的な方法については，次章の障害と発達の項で詳述する。

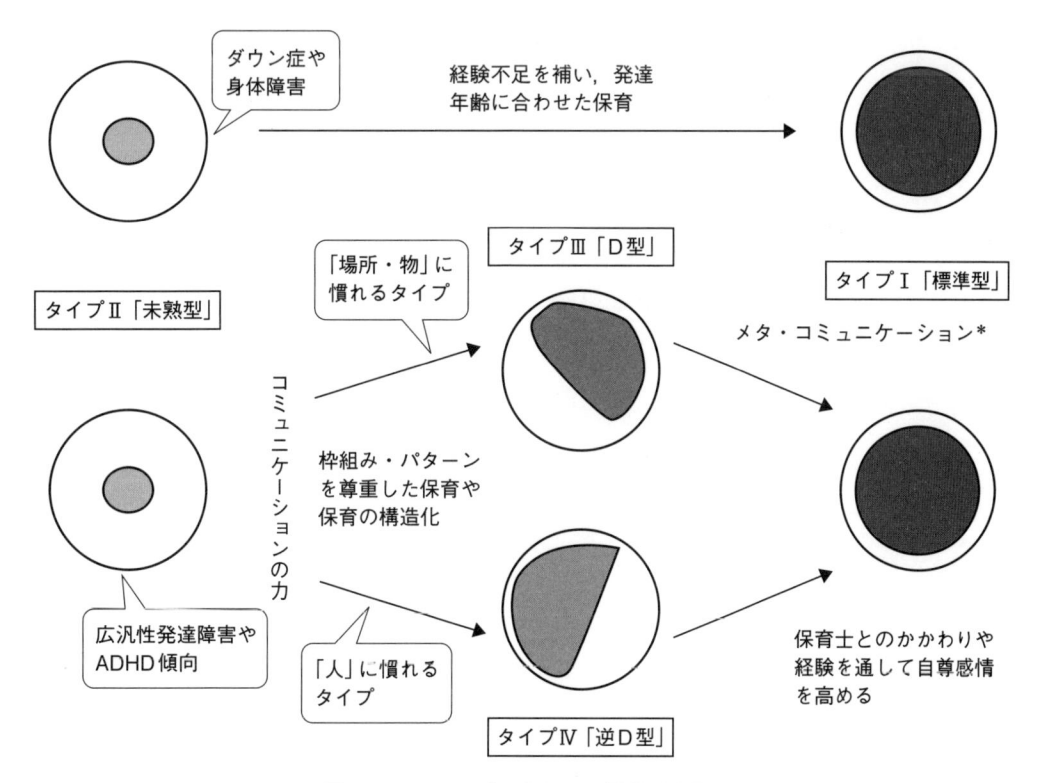

**図3-9　タイプに合わせた保育の手立て**

＊メタ・コミュニケーションとは，コミュニケーションがうまく機能しているかを確認するために行うコミュニケーションである。これは対話能力の中で大きな部分を占めるもので，非言語的なもの（視線やうなずき，あいづち）が重要な役割を担う。

# 第4章 子どもの障害と発達援助の方法

　保育所には，いろいろな障害のある子どもたちが在籍している。本章では，前章で明らかにした障害のある子どもの社会性の発達について，その遅れや偏りを軽減する保育的手立てや，発達のパターンに応じた支援の方法を詳述する。その前に，そもそも「発達」とは何か，「障害」とは，「社会性」とは何かについて，ここで考えてみたい。

## 1．精神発達とは

　発達には，いわゆる身体面や運動面の発達もあるが，ここでは「社会性」が含まれる精神発達について，滝川一廣の解説を参考にする。滝川は社会性発達について，以下のようにまとめている[1]。

> 　子どもが人間社会を生きていくためには，その世界を知り，その世界とかかわらねばならない。つまり，①まわりの世界をより深くより広く知っていくこと—認識（理解）の発達—，②まわりの世界とより深く広くかかわっていくこと—関係（社会性）の発達。このふたつを基本軸として子どもが大人のもっているこころの働きを次第に獲得していくプロセスが精神発達である。そして，①と②は相互に支えあい，促しあう構造をもっている。このように考えるなら，「発達障害」，すなわち「発達の歩みのおくれ」もやはり，①「認識」のおくれと②「関係」のおくれという二軸構造をもち，①が前面にでるものが精神遅滞，②が前面にでるものが広汎性発達障害と考えるとよい。（次頁図4－1参照）

## 2．社会性の発達とは

　前項で精神発達の二軸構造を紹介したが，②の関係（社会性）の発達とは，より深くより広く対人的なかかわりを発展させることである。滝川が述べているように，人とかかわるわざは，人とのかかわりの経験の積み重ねによってはじめてより高度なものへと育まれていくものである。プロセススケールでその発達を捉えようとした子どもたちの「社会性」とは，精神発達の大きな柱であり，発達を促す原動力ともいうべき「人間関係力」そのものと考えている。

　人との関係が安定的に機能するためには，他者との共通世界を安心して共有していなければならない。しかし，人との交流経験の乏しい現代の子育て環境の中では，周りの世界の情報を得る

58　第4章　子どもの障害と発達援助の方法

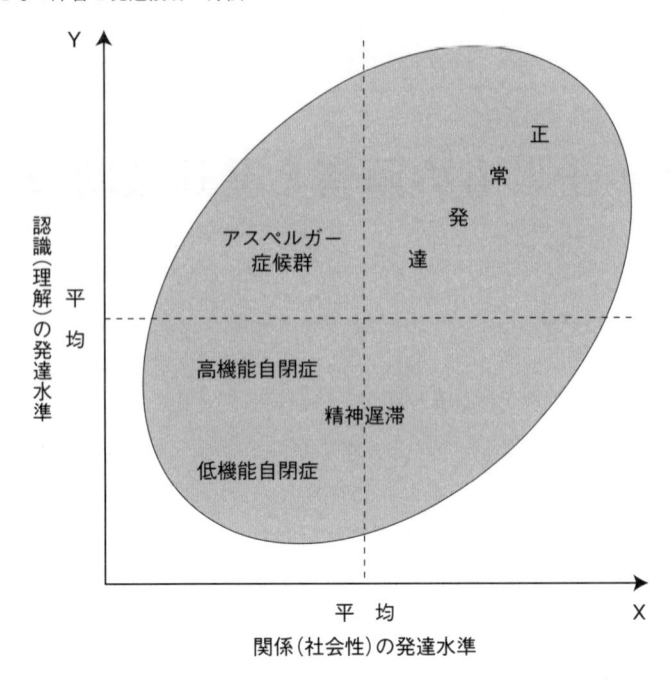

```
        Y↑
         │        　　　　　　　正
         │        　　　　　　常
         │        　　　　　　発
認        │    アスペルガー　　達
識        │    症候群
（        │
理平 ─ ─ ─ ─ ─ ─ ─ ─ ─ ─ ─ ─ ─
解均      │    高機能自閉症
）        │             精神遅滞
の        │    低機能自閉症
発        │
達        │
水        │
準        └──────平均──────→ X
               関係（社会性）の発達水準
```

**図4－1　正常発達と発達障害の連続性**
出典：滝川一廣（2004）『こころの本質とは何か』筑摩書房，p.165

ことはできても，周りの世界と直接かかわり共同性を身につけることは容易ではない。その結果，周りの世界の情報に対しても，他者との共通性を無視した自分だけの知識や理解をもってしまい，それが周囲との摩擦を引き起こし不安感を増大させている。また，ひとりよがりの認識や人間関係力の脆弱さは青年期の非社会的あるいは反社会的不適応行為の原因にもなっている。

　現代の子育てにおいては，親や保育者はもちろん，周りの大人たちも明確な意図をもって，子どもの社会性を育んでいかねばならない。本研究ではそのプロセスをスケール化して，見通しを明らかにした。次に具体的かかわりを考える。

## 3．項目別対応

　本スケールの効用は，子どもの社会発達のレベルとタイプ（各項目の偏り）を明確にするだけでなく，各項目の発達における停滞や「つまずき」を早期に発見し早期に対応することを可能にする点にある。社会性については，人的・社会的環境を整えて遊びやかかわりを多く経験することにより，その発達が促進すると考えられてきたが，近年増加しつつある社会性の障害やその傾向をもった子どもには，特性に応じた対応が必要である。

　本項ではスケールの項目（A～J）別に，子どもの社会性を育み，人間関係を安定的に維持していく力をつけていくための保育的手立てを述べる。

### （1）項目Aと基本的信頼感

　母子分離の過程には，分離以前の母親や家族との関係が大きく左右する。母親との愛着が形成

されると，2〜4段階，7〜9段階は比較的早く通過し，5，6段階から，10段階へ移行することができる。注意しなければならないのは，

① 2歳を過ぎても1段階のまま，母親との愛着形成がうまくできないケース
② 2〜4段階で停滞しているが，5，6段階を経ないで分離してしまう，子どものひとりよがり的愛着形成のケース
③ 3段階の分離不安が異常に強く，分離後は5，6段階の保護者への過度のしがみつきが見られる歪んだ愛着形成のケース

など，いずれも分離はできるが個別の対応が必要な場合である。

①は重度の自閉症児に多く見られる。しばらく通所する中で家庭との対応の違いが認識され，そこに母親がいないことに初めて気づき泣き出す場合もある。身体感覚に過敏さや鈍感さがあるので，特性に配慮しながらも大人からの積極的なかかわり（例えば身体を使った遊び）が必要な子どもである（項目C，H参照）。

②は「認識」の遅れはないが「関係」の遅れがある子どもに見られることがある。子どもにとって愛されるという実感はわかりづらいが，気に入った物，快い感覚，それを与えてくれる人（母親）はなくてはならない存在である。母子分離は彼らのパターンを崩すことになり，大きな不安と抵抗を示す。保育士に抱かれることは逆に不安や緊張を増大させてしまう（項目B参照）。子どもの好きな（固執する）行為や物によってあっさりと母子分離が可能になることもある。保育士との愛着形成はその後の課題になる（項目H参照）。

③は母親の愛情への不信感や見放されることへの不安が感じられるケースである。子どもへの愛情がいろいろな事情でゆがめられたり自立を急ぐあまり甘えを許さなかったりした結果，子どもの中の絶対の信頼の対象が壊れかけている。大人との基本的信頼関係は人生の基盤となるものだから，何としても乳幼児期に修復しなければならない。親へのアプローチには，子どもの担任以外の主任や所長が対応し，カウンセリング・マインドで臨む。虐待が疑われる場合などは専門家に入ってもらった方がよい。

### （2） 項目Bと大丈夫感

項目Bは，見知らぬ場所や人，初めての状況で引き起こされる不安感や緊張感が減少していくプロセスではあるが，各段階はその子どものもつ生得的な特性を把握することもできる項目である。

1，2，3段階を見て，未知の状況に対する感受性や反応性の強弱を，乳幼児期の早い段階で把握することができる。過敏に反応する子，恐れや不安をほとんど感じない子，身体的表現で訴える子，逃避や閉じこもりの見られる子などで，このような気質的特性は成人しても基本的にもっているものである。そして安心感や平静心をとり戻すのに，周りの大人に依存できる子とできない子がいる。できないのは大人への不信感やわだかまりがある場合などもあるが，大人に頼ることを知らない子どももいる。前者については，全面的な受容からはじめ，躊躇なく人に依存できるように対応する。後者の場合は放っておくと物や場所に固執することが多い。周りの大人は頼

めば好きな物や場所を用意してくれる，安心できる存在であることを日々の生活の中で体験できるようにしていく。このように新しい保育場面で子どもたちがそれぞれの特性をもちながら，不安感から安心感，安心感から大丈夫感（大人が側にいれば大丈夫から，ひとりでも大丈夫）を身につけていくことができる。この大丈夫感は，社会性発達の本質である他者との共通世界を共有していく大きな支柱となるものである。

### （3） 項目Cと身体を使った遊び

項目Cは日常的に見られる遊びの定型発達を表示しているので，本項目をチェックすることで子どもの認知機能のレベルをおおまかに把握することができる（第2章参照）。認知の遅れだけの子どもはゆっくりながらも項目Cのプロセスをたどることができる。そして，さまざまな遊び経験を通して，他の社会性の発達も促すことになる。

「認知」の遅れはないのに「関係」の遅れの見られる子の中には4, 5段階をとばして，6段階や7段階のひとり遊びに没頭するケースがある。身近な大人と場を共有し，やりとり遊び，タカイタカイ，ヒコーキなど身体を使った遊びを強化したい。また人に抱かれることの苦手な子どもには，その子どもの快と感じる感覚や前庭感覚や身体感覚を使った感覚遊びを繰り返す中で，彼らとの接近方法を見つけていこう。背中から抱かれると平気な子やおんぶの好きな子などがいる。身近な大人への関心や愛着はこんな遊びの中で生まれてくる。また気に入った遊びに固執する子どもには，保育者はその遊びの楽しさを共有しつつ，少しずつ遊びの変化や拡大を試していこう。子どもにとって，心身の発達はすべて楽しい遊びを通してなされるといっても過言ではない。

### （4） 項目Dと意図の理解

制限の意味や，制御を行う相手の意図を，子どもがどれだけ理解しているかを把握することは本当に難しい。保育者は子どもの反応を見ながら，時には過大評価（理解しているのに従わない）や，過小評価（理解できないから仕方がない）をすることがある。特に過大評価しやすいのは，知的障害のない広汎性発達障害の子どもたちである。多弁で語彙も豊富なのに，理解のほうが遅れている。その一つに自分流の思い込みや思いちがいがある。彼らの特性からくる，相手の言葉はわかるが，言葉を文脈や状況の中で捉えるのが苦手なことによる誤解である。また，他のことに気をとられて，聞いていなかったり，聞いてもすぐ忘れたりすることも多い。その上，相手の気持ちや立場を理解する力も遅れていることもあり，平気で制限を無視したりする。そんなとき「わかっているのに守らない」「親を見ながらワザとやる」と評価してしまう。

「理解」の遅れの子どもは，制限の言葉の意味は理解できなくても，場の雰囲気や保育士の態度，他児の様子などから察知することができる。彼らが遅れながらも項目Dのプロセスにそって発達していくのに対して，「関係」の遅れの子どもの行動面は，6, 7段階でも制限の意味の理解が4, 5段階レベルということもあり注意を要する。

言葉による制限の理解の困難な子どもにはTEACCHプログラム（p.67参照）で行われている視覚的構造化が有効である。場所や時間（スケジュール）を見てわかるように提示するので，やって

はいけない場所や今なにをすべきかなどがよく理解できるようになる。また，集団の中での約束事や危険な行動の制限の理解を支援する方法として，ソーシャルスキルトレーニングの絵カード（p.67参照）も市販されている。これは時間的・空間的な文脈の中でのさまざまな情報を整理し，場面を焦点化した絵カードで，状況の意味や相手の気持ちの理解を視覚的に補足するものである。視覚的支援としては他にも「コミック会話」（p.67参照）という方法もある（項目E参照）。

5段階のこだわりの強い子どもは，気に入った物や場面を制限されると激しいパニックに陥ることがある。パニックへの対応としては決して叱らず，その場から移動させ，静かで落ち着く場があればよい。また，プレジャーブック（こだわり絵本など）や癒しグッズ（好きな音や心地よい布など）が有効で用意しておくとよい。

### （5） 項目Eと自己肯定感（自信）

近年，保育士が最も問題視しているのは，衝動を制御できない子どもの増加である。これは，親のしつけ不足だけが原因ではないように思われる。2～5の段階が十分育っていない子どもが自我の芽生えとともに強い自己主張や拒否の行動が始まる頃，集団の中では多くのトラブルが発生する。このときの大人の対応が子どもの自己抑制力の形成を大きく左右する。

自己制御には，自己主張的側面と自己抑制的側面があるが，乳児期においてもまず自己主張が先行する。子どもの欲求や主張は，言葉だけでなくいろいろな方法で訴えてくるものだが，周りの大人はそれをしっかりキャッチし，そして「あなたが今私に伝えたいことはこれだよね」と子どもに返すことがまず必要で，これが安心感につながる。次に欲求の充足の必要性を判断し，充足できないときは代わりのものを用意するなどの対応が出てくる。つまり子どもは自分の欲求が周りの大人にうまく受けとめられることにより，自分の行動を抑制する力を育てていくのである。

しかし，自分の欲求を通すために，時には全く思い違いが原因（この場合周囲の人は，何の理由もないのにと判断する）で，いきなり相手を攻撃してしまうトラブルもある。このような場合，加害児はいつも叱られ，訳もわからないまま相手に謝ることを要求される。

ところが，2，3段階の子どもにとっては，いきなりの叱責は不安混乱をまねき，自己否定や大人への不信感につながることにもなる。そこで，攻撃的行動が多発する子どもにはできるだけ側にいる時間を多くする。それはトラブルを未然に防ぐことが可能だからで，やってはいけないことを教えるのはその直前に阻止することが一番効果的だからである。

阻止できずに噛んでしまったときなども，近くにいればすぐに止めて，やってはいけないことを伝えられる。その上で，行為の否定だけでなく，その場面で肯定される代わりの方法（例えば大人に訴える）を繰り返し教えていきたい。側にいられないときは，声かけしたり目で合図してコンタクトを保つ。保育者が部屋を離れるときは同行させたりするなど，できるだけ叱責や非難，疎外される体験を少なくしながら，2～4段階の育ちを促し，自己制御の力がついてくるのを待つゆとりが必要である。

## （6） 項目Fと自己肯定感（安心）

自己制御の項目Eは，主に言語および行動面におけるプロセスであるが，項目Fは感情面でのセルフコントロールへの道筋を示している。項目E同様にまず自分の感情を安心して十分に表出できるかどうかをチェックすることが大切である。

1段階の無表情の原因には，①人も含めた周りの状況に対する無関心さ，②自分の身体感覚の鈍さ，③感情表出しても応えてもらえない状況の中でのあきらめや意欲低下などもある。①，②の子どもに対しては，場面を構造化（例えばブラックライトなどで視覚や聴覚の刺激を取り入れやすくする）したり，触覚や前庭覚などを刺激するような感覚遊び（コチョコチョやタカイタカイ，タオルブランコなど）を多く取り入れながら「気づき」を促していく。そしてかすかな反応にもしっかり応じていく。4，5段階も「気づき」がないと出てこない。また③の子ども（被虐待児など）には，生活年齢とは関係なく，もう一度新生児のレベルからやり直すつもりで接し，どんなに幼い感情にも肯定的に応じる。大人への不信感が根深いときは，一方的に自分の感情を強く押しつけ，大人の反応を試そうとしたり，保育者を独占しようとする。保育者は，5段階の感情表出が焦点づけられてきたと捉え，次に安心して感情表出ができるのを待つゆとりが必要である。このように①，②の子どもには積極的な工夫を，③の子どもには受容的態度が要求される。6段階の「ちょっとした働きかけで気持ちの転換」ができないとき，8段階の葛藤によるパニックなどが生じたときは，項目Dを参照してほしい。また，反抗期の子どもは8段階の状態を示すが，半年～1年で9段階に移行する。その時期，周りの大人は対応に困ることもあるが，子ども自身も不安定な時期である。時には子どもの行動を制止することがあっても，アンビバレントな感情は理解し受け入れる態度が，子どもの自己肯定感を育むことになる。

## （7） 項目Gと集団の動きの理解

集団の動きには，それなりの意味がある。子どもが集団に適応していく過程は，集団の動きの意味を理解していくプロセスである。認識（理解）の発達の遅れの子どもたちは，集団の動きの意味が理解できなくても，メンバーの動きや雰囲気につられて2～9段階への発達が順調に見られる。各々の段階における保育者の働きかけが，大きな力になっていることは言うまでもない。それに比べて関係（社会性）の発達に遅れのある子どもは，少し変則的な経過をたどることが多い。特に自閉症の子どもは見知らぬ集団の動きにはまず回避をする。気にはなるが，それは避けるためであって，2段階や3段階のように集団に近づいたり，遠くから見たりすることはあまりない。しかし，突然4段階や6段階のような動きを示すことがある。それも，集団の動きに呼応するというより，むしろ無関係に自分の気に入った物や場所や音に反応している場合が多い。こんなとき集団の動きに水をさす（集団に嫌がられる）ことにもなるのだが，保育者は子どもの行動を理解し受け入れた上で，集団の動きに合った別のやり方や行動を子どもの理解力に応じて教えていく必要がある。例えば，絵本の読みきかせ場面などでウロウロ立ち歩いても，気に入った絵や言葉に突然反応して，絵本の前に立ちふさがることがある。こんなときは，座る位置の目印を輪や座布団などで明確に示すとよい。また，お互いかかわりのない並行遊びの段階でも子どもたちは，

それなりに他児の遊びへの配慮があるものだが，自閉症児の中には，平気で他児が作った砂の山をこわしたりすることもある。これは他児が大切に作った砂山だということに全く気がついていない，つまり砂しか見えていないために起きてしまう。

項目Eで述べたように注意の仕方に配慮を要するとともに，集団の中で彼らが落着いて遊べる場所の確保も必要である。集団のメンバーは保育者のその援助のあり方を見て，自閉症の子どもの行動を理解し，受け入れるようになるのである。自閉症で言葉の発達に問題のない子どもでも，集団の動きの意味を理解するのは苦手で，最初は集団から離れていることが多い。保育者は集団に入ることを強要するのではなく，彼らが集団の動きの意味が理解できるまで待つことである。運動会や発表会の練習では，メンバーが大体できるようになるまで集団の周辺にいるだけでよい。それでもある日，急に8段階や9段階になり，本番に強いなどといわれたりしている。自閉症の子どもは定型発達の子どもとは逆に，形の知覚より動きの知覚の方が遅れて発達するといわれている。彼らが集団の動きが十分理解できずにいる時期の，大きな挫折体験やいきなりの叱責は何としても避けたいものである。

### （8） 項目Hと大人への依存

項目HとIは，家族以外の見知らぬ他人との人間関係形成の過程である。関係（社会性）の発達に遅れや問題をもつ子どもにとって，一番の課題となる項目である。

項目Aで述べた配慮の要するケース①，②，③について本項目の対応を考える。

①の，母親との愛着が未形成な子どもは，本項目でも1段階でとどまっている。項目Aでもふれたように，保育者からの積極的なかかわり（感覚遊び）が必要であるが，子どもの感覚の偏りに注意する。抱かれること（その抱かれ方や方向も）をいやがる子どもも，おんぶなら平気なこともある。横揺れは怖いが，縦ゆれならOKとか，回転に弱い子，人の声でも高音が嫌いな子などもいるので，反応をみながら，子どもにとって快い感覚をみつけていく。食べることについても同様である。大人の側にいることは安心でき，居心地のよい状況であることを，子ども自身が実感できる体験を積み重ねる中で，保育者との愛着を形成していく。

②の，ひとりよがり的愛着形成というと，自分勝手なイメージがあるが，決してそうではない。3，4段階のように保育者を安心できる援助的存在であることがわかると急にべったり抱きついたり，自分の要求を強引に訴えたりする。しかし，相手の気持ちや場の状況を理解する力は育ってないので，保育者の注意や働きかけには無視したり，回避したりする。そんな一方通行の関係ではあるが，幼児期はこの信頼関係を基盤に，困ったときには保育者を頼る依存関係の成立を目指したい。相手の気持ちや働きかけの意図，状況の意味がわかるようになるのは，知的障害がないケースでも，10歳ぐらいといわれている。

保育者との関係を最も大切にしたいのは，項目Aでも指摘した③歪んだ愛着形成をもったケースである。5〜8段階の様子は見られるが，決して保育者を信頼できる大人と捉えていないところがある。見放されることへの不安から，無理をしたり，わざと叱られるようなことをして，保育者を試したりすることもある。そんな場合は，2，3，4の段階をやり直すとよい。甘えやわが

ままなど退行的な行為が見られたり，保育者を独占したりするので対応には多くの困難を伴うが，他の保育者の協力も得ながら，子どもには真正面から向き合ってほしい。

### （9） 項目Ｉと他児の気持ち理解

項目Ｈと同様に関係（社会性）の発達に遅れや問題をもつ子どもにとっては，課題の多く見られる項目である。やはり，項目Ａでみた①，②，③のケースについて，本項目における対応を考える。

①のような人との愛着形成の困難な子どもは，幼児期後期になっても２段階にあるような他児の激しい動きや大きな声には，注視できずに回避する傾向が見られる。また，３段階のように，自分の気に入った物があれば他児の手から取ったりするが，他児の存在には全く関心を示さない。しかし，強く拒絶されると驚き，不安がる。このような場面は，保育者が自分の存在や役割を子どもに伝えるよい機会である。保育者が側にいるから大丈夫，安心できる，保育者がいると自分の要求がみたされやすいなど，まず大人である保育者との愛着や依存関係を先行させる。それをもとに他児の存在や行動に関心を広げていく。

②のような発達に偏りのある子どもに対しても，同様である。定型発達の子どもは，子ども同士の動きや働きかけの方が，保育者のそれよりも親近感をもちやすい傾向が見られる。それに比べて，「関係」の発達に遅れのある子どもは，大人である保育者の動きや働きかけの方が予想がつきやすく安心できる。保育者の援助で６〜８段階の関係が見られるようになるが，積極的な働きかけをする他児は苦手なようである。彼らが自分からかかわる相手は，側にいて安心できそうな受容的な子どもであることが多い。自分から働きかけはできても，他児の反応や気持ちを理解することが難しいのだ。ここでも一方通行的関係になるが，それでも一緒にいてくれる友達を隣同士にするなど，保育者の配慮が望まれる。

③の場合，被虐待児やきょうだい抗争などで傷ついた子どもにとっては，他児はライバルであり自分を脅かす存在である。保育者を独占しようとするあまり，他児を無視したり，排除したりするが，子どもの気持ちをしっかり受けとめたい。保育者との信頼関係ができれば順調に他児との関係を深めていくことができる子どもたちである。

### （10） 項目Ｊと状況の意味の理解

項目Ｇで取り上げた集団は，漠然とした状況なのに比べて，三者関係は保育者と他児と自分というもっと焦点づけられた状況である。限られた集団ということで，多くの子どもにとってわかりやすいし，保育者と他児のどちらかに関心があれば，三者が揃うことは容易である。しかし，一対一の関係や大人と物と自分の三項関係に比べて三者関係の場合は，お互いの動きが状況に変化をもたらし，自分の立場も流動的になる。スケールにあるように，７，８段階でも，まだ二者の関係が中心になっている。９段階でも三者関係は長続きしない。三者の動きや気持ちを理解し，自分を適応させていく三者関係の成立は，幼児期の社会性発達の中ではなかなか難しい課題である。それでも本項目が重要なのは，その後の学齢期において，複数の友達との関係や距離のとり

方などを身につける基礎的な経験だからである。10段階に到達しなくても，子どもは幼児期に三者関係へのプロセスを経験することに意味がある。そこで保育者は三者関係を意識し，いろいろな機会（トラブルの場面もある）を捉えて，保育者と子どもの関係（双方の動きや感情）を他児に，また保育者と他児の関係を子どもに伝える。そして，子ども同士の関係もできるだけ言語化して，状況の意味の理解を助ける。例えば他児が保育者に叱られ泣いている場合と，他児が保育者に甘えて泣いている状況では，子どもの動きやかける言葉も違ってくる。子どもに不適切な言動が見られるときは状況の理解がまちがっていることもある。同じようなトラブルが続くときは，言葉だけでなく，前述したコミック会話の要領で図示するとよい。三者の場合や関係を，より明確に伝えることができる。その上で状況に応じた動きや距離のとり方などを学んでいく。

昨今の少子家族では，親との一対一の関係しかもたない子どもも多い。きょうだいは他児とのつき合いを練習するよい存在でもあるのだが，今では保育現場でしか三者関係を経験する機会がないのである。

## 4．タイプ別に見た障害の特性の対応

前述したように精神発達の遅れは大きく分けて，ここでは（1）「認識」の遅れと（2）「関係」の遅れがある。（1）が前面に出る精神遅滞の子どもと，（2）の広汎性発達障害の子どもへの対応をレーダーチャートのタイプを通して考えてみる。

### （1） ダウン症やその他の知的障害

表4－1に示したように，1回目のチェックではⅡ型（44%）が多く，次にⅠ型（21%），Ⅲ型（19%）であった。ダウン症やその他の知的障害の子どもは早期に発見されるので，入所時の暦年齢も低い。第1回目で未熟なⅡ型の子どもたちも2回目のチェックではほとんど見られない。これは適切な保育の中で，社会性については定型に発達する子どもたちが半数以上（58%）であることを示している。

残りの2回目でⅢ型（25%），Ⅳ型（10%）の子どもの対応を考えてみる。Ⅲ型の子どもは人への関心は未熟だがセルフコントロールはできており，その後の見通しとしては63%Ⅰ型に移行する（表3－7，p.53参照）。保育者との関係はついていることが多いので，あせらずに感情表出や集団，他児関係をゆっくり支援していく。未経験なことや自信のもてないことには，スモールステップの指導が有効である。感情の表出については，抑制の強い子と少し鈍い子がいる。前者に対しては安心して表出できるような雰囲気づくりや表出された感情を受け入れることが必要だし，後者

表4－1（表3－7を集計して再掲）
ダウン症やその他の知的障害　235人　　　　　　　　　　　　　　　（%）

| タイプ＼回数 | Ⅰ | Ⅱ | Ⅲ | Ⅳ | Ⅴ | Ⅵ |
|---|---|---|---|---|---|---|
| 1回目 | 21 | 44 | 19 | 7 | 8 | 1 |
| 2回目 | 55 | 2 | 25 | 10 | 3 | 5 |

については感情交流を意図的に行い情緒の発達を促すことである。

Ⅳ型の子どもの場合は68％がⅠ型へ移行し，24％がⅢ型になる（表3－7参照）。知的障害が重度の場合，制限の理解や自己制御が困難な子どももいるが，言葉だけでなく場の構造化や情報の整理，絵や写真を使った視覚的な表示を工夫して，Ⅲ型への移行をまず考えてみたい。

### （2） 広汎性発達障害

表4－2で明らかなように，1回目のチェックでは，84％がⅡ型である。これは，広汎性発達障害の特性が，関係（社会性）の発達の遅れであることを実証するものである。Ⅲ型が8％見られるが，注意欠陥/多動性障害傾向の子どもの約半数がⅢ型（図3－7，p.50参照）であることが示唆するように，Ⅲ型の彼らは知的発達に大きな遅れのない子どもたちと考える。そこで，Ⅱ型の広汎性発達障害の子どもにはまずⅢ型への移行をすすめたい。項目別対応（p.58～p.61）の項目A，B，C，D，Eを参考に，場所や遊びや集団のルールに慣れることから始める。前項で詳しく述べたとおり，物や場所への安心感から入り，保育所でのスケジュールや何をするかが理解しやすいようにTEACCHの構造化プログラムを活用する。遅滞が軽度な広汎性発達障害の場合，経験的には，半年前後でⅢ型への移行が可能になるように思う。

Ⅲ型は遊びや遊びの場に慣れ，保育所での生活やきまりごとなどマニュアルがはっきりしていることには適応できるものの，人への関心や感情の表出が未熟なタイプである。項目別対応（p.62～p.65）の項目F，G，H，I，Jで詳述しているように，相手の気持ちや集団の動きの意味を理解することが苦手な子どもに対して，まず，受容性のコミュニケーション能力を高める手だて（視覚的，肯定的，具体的な働きかけ）を工夫することである。その上で，その場や相手に応じた表現的コミュニケーション方法を教えていきたい。それには，ソーシャルスキルトレーニングのプログラムが参考になるだろう。

広汎性発達障害の子どもは幼児期では，10人に1人ぐらいしかⅠ型に移行できない。社会性発達に遅れのある場合，心の理論が身につくのは10歳ぐらいといわれているので，小学校高学年ぐらいまで待ちたい。Ⅱ型でとどまる子どもに対しても，ゆっくりかかわっていこう。幼児期における対応の目標は，人に対する安心感と自己肯定感を身につけ，思春期以降の二次障害を予防することにある。

広汎性発達障害の子どもが，幼児期の人間関係における嫌な体験や怖い感情を記憶に残してしまうと，思春期にそのフラッシュバックで苦しむことになるからである。人との関係（共同性）をゆっくりとしか築きあげられないのが彼らの一番の特性であることを保育者は理解し，周りの子どもたちにも伝えていってほしい。

表4－2（表3－7再掲） **広汎性発達障害** 37人　　　　　　　　　　　　　　（％）

| 回数＼タイプ | Ⅰ | Ⅱ | Ⅲ | Ⅳ | Ⅴ | Ⅵ |
|---|---|---|---|---|---|---|
| 1回目 | 0 | 84 | 8 | 3 | 5 | 0 |
| 2回目 | 11 | 35 | 35 | 14 | 5 | 0 |

### ソーシャルスキルトレーニング　絵カード

　問題状況の理解やその場にいる相手の気持ちを推し量ることの苦手な子どもに場面の情報を整理し，焦点化した絵カードを使用することで，相手の気持ちを察する余力が生まれて自ら納得してソーシャルスキルを身につけるのを支援するものである。

　絵カードはその導入で，その後ロールプレイングや実生活の中での般化練習が必要である。

### コミック会話（Comic Strip Conversation）

　アメリカのグレイ（Gray）によって開発された，自閉症など発達障害のある子どものためのコミュニケーション支援法である。

　コミック会話は，2〜3人の会話を簡単な絵（単純な線画）にして，今行われているコミュニケーションをわかりやすくするものである。一般のコミックと同様，会話を「吹き出し」に入れたり，状況説明を加えたりする。「吹き出し」の描き方により，実際の言葉とその背後の意味や意図を識別しやすくしたり，さらに文字（言葉）に色をつけて，相手や自分の感情も明確にすることができる。

　つまり，自閉症スペクトラム障害の子どもが苦手とする対人的な情報の理解や自分の感情の表現などを彼らの得意な視覚的手段を用いて，自ら問題状況を理解するのを支援するものである。

### TEACCHプログラムと構造化

　TEACCH（Treatment and Education of Autistic and related Communication Handicapped Children）プログラムは，アメリカのノースカロライナ大学のショプラー（Schopler）らによって，1960年代半ばから始められ，自閉症の人やその家族，関係者を支援するために研究，開発された。目標は自閉症の人ができるだけ自立して社会生活を送ることで，そのための支援の手法として「構造化」がある。

　自閉症の子どもは，想像力をはたらかせることが困難なので，聞いて理解したり，見通しをもったりすることが苦手である。一方，目で見て確認できることの理解や一度やったことの記憶はよい。構造化とは一人ひとりの子どもの自閉症特性を評価した上で，その子の得意な分野を使い工夫して，苦手な状況理解への道筋をつけることである。具体的にはわかりやすい場面設定やスケジュールの提示，活動に向けての手順ややり方の図示などがある。その子に合った視覚的構造化（情報を整理して見てわかりやすく）を用意することで混乱なく日常生活を送れるよう支援するものである。

> **カウンセリング・マインド**
>
> 　カウンセラーがクライエントに接するときにもつ基本的な心がまえである。保育士はカウンセラーではないが，子どもや親に対して，カウンセリング・マインドで接することで信頼関係を築くことができることも多い。東山紘久は，カウンセリング・マインドについて次のように述べている[2]。
>
> 　（1）　優しさ（安心できる雰囲気）
> 　（2）　思いやり（相手の気持ちへの共感）
> 　（3）　強さ（揺るがず，逃げず小さなことにはこだわらない態度）
> 　（4）　見守って待つゆとり

## 【引用文献】

1) 滝川一廣（2004）『こころの本質とは何か』筑摩書房。なお，まとめの部分はそのままの引用ではなく，pp.84-89 を要約したものである。
2) 東山紘久（1995）「幼児保育における今日的課題」氏原寛・東山紘久編著『幼児保育とカウンセリングマインド』ミネルヴァ書房，p.7

## 【参考文献】

- 佐々木正美（1993）『自閉症療育ハンドブック』学習研究社
- 栗田広ほか（1991）『幼児期における広汎性発達障害児の療育』全国心身障害児福祉財団
- 丸山美和子（2002）『LD，ADHD 気になる子どもの理解と援助』かもがわ出版
- 野村寿子（1999）『遊びを育てる』協同医書出版社
- 小林芳之ほか（1997）『精神保健総論』保育出版社
- 柏木惠子（1988）『乳幼児期における「自己」の発達―行動の自己抑制機能を中心に』東京大学出版会
- 丸野俊一（1996）「心の理論とは」『発達』17（66）
- Gray, C.（1994）*Comic Strip Conversations*, Future Horizons Inc.（= 2005, 門眞一郎訳『コミック会話―自閉症など発達障害のある子どものためのコミュニケーション支援法―』明石書店）
- 内山登紀夫（2006）『本当の TEACCH―自分が自分であるために』学習研究社
- 上野一彦・岡田智（2006）『実践ソーシャルスキルマニュアル』明治図書

# 第5章 事例

## 1. 事例1　知的障害を伴う自閉症（保育所入所年齢3歳3ヶ月）

### (1) 保育所入所までの経過

#### 1) 生育歴・既往歴

　出生から2歳半までは海外，その間乳幼児健診などで一時帰国。1歳半健診時点で言葉の遅れと視線の合いにくさを指摘されており，自閉傾向が当時より見られていたと思われる。3歳児健診は帰国後S市において実施され，言葉の遅れで経過観察となる。それ以外は問題なく，特に運動性発達は順調であった。始語は21か月で，「ママ」「オイシイ」「ヨイショ」であったが，その後増加せず。

　家族構成は，父，母，本児で，父親（33歳）は会社員で，海外出張が多くほとんど家にはいないが，子どもはかわいがっている。母親（33歳）は翻訳業をしており，育児にはとても熱心，行動力もある。

#### 2) 保育・訓練歴

　2歳11ヶ月から5ヶ月間児童相談所において発達遅滞児のグループセラピーを受けた。それと並行して言語訓練を医療機関，民間訓練機関でそれぞれ週1回受けている。また，療育機関において週2～3回自閉傾向のある児童の療育を受けている。

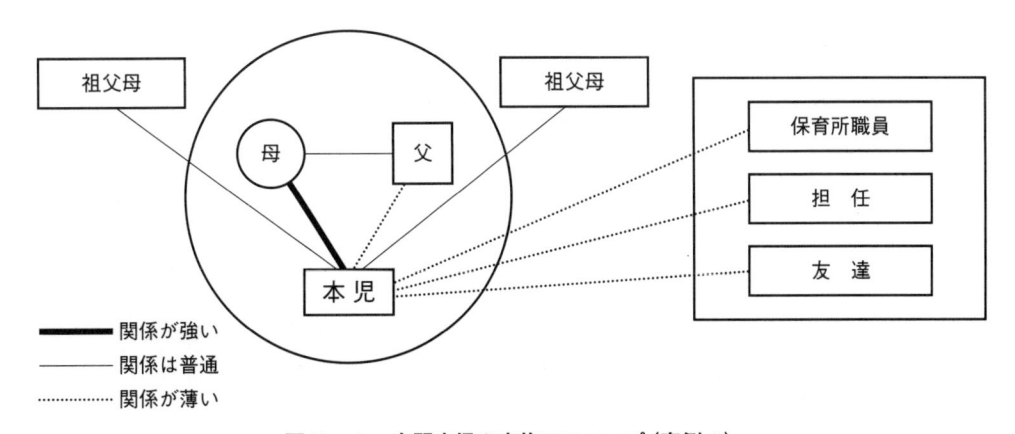

図5-1　自閉症児の家族エコマップ（事例1）

## （2） 保育所入所当初の様子（3歳3ヶ月）

### 1）生活の状況
#### ① 行動特徴

　登所するとやや爪先立ちで園庭を走り回り，裸足のまま外へ出て行ったり，靴のまま入室したりする。太鼓橋にひとりで上っていきバーの間から飛び降りる。ブランコに乗って保育士が押すまでずっと待っていたり，手を取って押すように仕向けたりする。散歩では友達と手をつながないですぐにしゃがみこんで歩かなくなり，保育士に抱っこやおんぶをするようしぐさで訴える。公園につくと山に登ったり駆け下りたり，単独行動を楽しんでいるかのようである。水が好きで水溜りで手足をバシャバシャさせ，手洗い，足洗いも保育士が止めない限り長時間している。室内では黄色の遊具や物にこだわり集めようとしている。粘土，絵画，製作などは保育士がそばについていると時間は短いが座っている。音楽は気に入っており表情を和らげ聞き入っているようである。クラス以外でも歌声が聞こえると側に行って聞いている。

#### ② 対人関係

　母親と別れるとき，何か興味を引くものが目に入るとそっちへいってしまうなど，関係がどこまでついているかつかみ難かったが，入所2～3日後に母親をママと呼んで，一緒のときはやわらかい表情を見せるようになる。保育士に対しては担任とそれ以外の大人の区別がなく，自分が欲しいものを取ってもらいたいときに，近くにいる人の手をもって要求をかなえようとする。子どもに対してはほとんど関心を示さない。周りの子どもたちは椅子を運んできたり，本児のこだわりの黄色いものを手渡したり，出席ノートを本児に代わって鞄に入れたりする。手をつなごうとして拒否されてもめげずにつなぎにいく。保育士のかかわり方を見ていて，同じようにコチョコチョとくすぐったりする。

#### ③ 生活習慣

　食事はスプーン，フォークを片手に手づかみではあるがひとりでできる。排泄，衣服の着脱等にはほとんど保育士の介助が必要である。

### 2）社会性発達評価と保育の課題
#### ① 第1回目のスケールチェックの結果（表5－1）
#### ② 当初の保育課題

　第1回目のチェック時の結果は典型的なタイプⅡ未分化型であり，保育課題を次のようにした。

ⅰ）母親と離れることで，はじめて母親への意識がはっきりと芽生え，母親と一緒にいることが居心地よいと感じるようになってきている。そこで，周囲の大人が本児にとって快適な存在であるように信頼関係を構築する。特に担任保育士との関係を確実なものにし，母親との違いを意識させるようにする。具体的には送迎時の母親から保育士，保育士から母親への引渡しの際に抱きとめて，視線を向けられた人がにこやかに声かけするなど意識づける。

ⅱ）保育所という環境が本児にとって居心地がいいものであるよう，当面は危険でない限り行動に制限をかけることを極力少なくして，自由に行動できることを保障する。具体的にはクラス

表5-1　第1回目のスケールチェックの結果（事例1）

| 項目 | 段階 | 子どもの姿 |
|---|---|---|
| A | 2 | 母親との分離はスムーズであるが，送迎時の状況からは母親と別れることは理解できているとは思われない。 |
| B | 1 | 保育所という未経験な状況においても不安，緊張は観察されず，未分化な状況と思われる。 |
| D | 2 | 制限に対しては制止する保育者の方を見て一瞬行動を止めることはあるが，すぐに同じことを開始するなど制止されたという意味は理解できていないと思われる。 |
| E | 1 | 周囲の状況に全く関係なく行動しているようである。 |
| C | 2 | 走り回っている合間に，あるものをじっと見つめたり，触れてみたりするもののすぐに次へと関心を移してしまう。 |
| F | 1 | 表情の変化があまり見られない。 |
| G | 1 | 集団への関心はほとんど見られない。 |
| I | 2 | 他児の激しい動きや大きな声には関心を示して一瞬そちらの方を見たり，自分の行為をとめて様子の確認をしたりするもののそれ以上の関心を示すことはない。 |
| J | 1 | 保育者と他児との関係には全く無関心である。 |
| H | 2 | 保育者が抱きかかえたり揺さぶったりすると笑顔を見せるが，視線が合っても本児の方から再度揺さぶりを要求したりはしない。 |

にいることにこだわらず，本児が行くところで見守るようにする。

ⅲ）保育所の生活リズムになれる。一日の生活の流れを規則正しいものにする。

ⅳ）保育士，特に担任との関係では基本的信頼感を構築することを目的に，次年度には必ず保育士ひとりは持ち上がりとする。

## （3）その後の変化（5歳1ヶ月）

1）生活上の変化

① 行動特徴

　自分のやりたいことや拒否の意思表示ができてくる。保育士の言葉かけで行動したり，視線がよく合うようになる。反面，絶えず気に入った黄色のブロックを手にずっと持っていたり，決まった場所にお気に入りのものを入れたり並べたりとこだわりが目立つようになる。途中で中断されると怒る。ある程度やって安定した上で「おしまいね」と言うとパニックにならない。朝の歌，出席調べ，給食，おやつの時間はクラスで一緒に過ごせるが設定保育では一対一でつかないと参加できない。オウム返し言葉が増え，要求は単語ではあるが，自発語が多くなる。保育士と一緒にピアノを鳴らしたり，初めての歌をすぐに覚えて口ずさんだり，ピアノの音で友達と一緒にリトミックの動作ができる。

② 対人関係

　母親をしっかりと認識し，降所時には母親に駆け寄っている。他児に対する関心が少し出てきており，同じような行動をする姿が見られる。

### ③ 生活習慣

給食前に調理室のカウンターに並べた給食やおやつをつまんで食べたり、好きなものであれば、友達のものを食べたりする。排泄時はどこでもすぐにパンツを下ろそうとするが、保育士が促すとトイレにいける。着脱については自分で好きな服を出して着ていることがある反面、保育士が見ていないと下着のままであったりパンツなしでズボンをはいていたりする。

### 2）社会性発達評価と考察

#### ① 第2回目のスケールチェックの結果（表5－2）

表5－2　第2回目のスケールチェックの結果（事例1）

| 項目 | 段階 | 子どもの姿 |
|---|---|---|
| A | 10 | 母親との分離はスムーズである。登所時は母親にバイバイを、降所時にはうれしそうに母親の所に駆け寄る姿が見られる。 |
| B | 8 | 保育所場面には慣れて不安、緊張を示すことはほとんど見られなくなっているが、いつもと状況の違う行事等のときにはパニックを起こすことがある。 |
| D | 5 | 自分が本当にやりたいことであればパニックを起こすことはあっても、言葉での制止で保育者の方を見て行動を止めることがある。 |
| E | 4 | 自分のほしいものを他児が持っていると相手の様子を見ながら状況によっては相手が手放すまで待つことができる。 |
| C | 3 | 黄色にこだわり、シャベルやクレヨンの黄色のものをきちんと並べて、ゆがんだりするとまっすぐになるように並べ替えて、気に入ったならびになるとじっとそれを眺めていたりする。 |
| F | 4 | 他児が泣いているとじっと顔を覗き込んだり、時には涙を拭いたりする姿が見られる。 |
| G | 5 | 保育士が傍らにいると、他児と一緒になって机に向かって同じ行動が短時間ではあるができるようになる。 |
| I | 7 | 自分の好きなリズム遊び等では他児と同じように行動ができる。また、散歩等では自分の方から手をつなごうとする。 |
| J | 4 | 他児が保育者に抱かれたり手をつないでいると、間に入ってきて自分が抱かれようとしたり、手をつなごうとしたりする。 |
| H | 5 | 自分でほしいものがあると保育士のところに来て要求する。 |

2回目のチェック結果を元に保育課題を以下のようにした。

ⅰ）項目A「母親から分離していく過程」では、ほぼ年齢に近いレベルが見られるようになってはいるが、項目H「保育者との関係が深まる過程」では、保育士との関係がしっかりとはとりきれていない。そこでさらに担任との人間関係を信頼あるものにすべく、制止・禁止を最小限にし、楽しい時間を共にするように働きかける。

ⅱ）友達と一緒に生活する中で、集団の雰囲気を感じながら保育士や友達との触れ合いを楽しむ。

ⅲ）気持ちの安定を保障しながらも朝夕の集会、設定保育で課題に短時間でも一緒に取り組む。

#### ② 考　察

スケールのチャートから見ると、第1回目のチェック時点ではすべての項目にわたって1歳レ

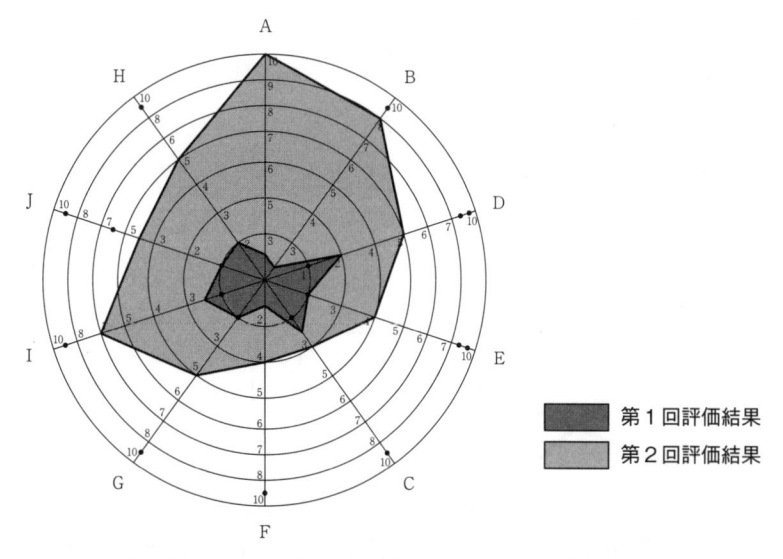

**図5−2 事例1 自閉症児のレーダーチャート**

ベルで典型的なタイプⅡ未熟型になっている。自閉傾向も強く，子ども関係だけでなく対大人に関しても母親以外にはほとんど関心を示さなかった。偏りのある興味のある遊びが何らかの障害が生じてやりこなすことができないとパニックになってしまう。そのため特に入所当初の保育は，基本的信頼関係を構築することを第一義的な保育目標としている。保護者との信頼関係の構築も重要視した。集団を拒否したり，無視しているかのような様子に対しても，集団の中にいることが当たり前のように感じることで関心も出てくることを願って，激しい拒否のない限り集団の中，集団の周辺にいる時間を大切にした。

2回目のチェック時点では，タイプⅢD型に変化してきており，自閉的傾向のある子どもの変化として典型的な例であるといえる。

## 2．事例2　広汎性発達障害（保育所入所年齢3歳5ヶ月）

### （1）保育所入所までの経過

#### 1）生育歴・既往歴

早期破水し，帝王切開（予定日より3日早い）により出産。出生時の身長46cm，体重2,446g，頭囲30.2cmであった。また，定頸4ヶ月，寝返り4ヶ月，這う5ヶ月，つかまり立ち7ヶ月，人見知り9ヶ月，始語12ヶ月，独歩13ヶ月で，視覚・聴覚機能は異常なしと思われる。

既往歴としては，1歳10ヶ月で鼠蹊ヘルニア，2歳6ヶ月で水痘，2歳7ヶ月で風疹，そして，3歳6ヶ月のときに木から落ちて後頭部を5針縫っていることが特記される。

#### 2）保育・訓練歴

0歳児より，集団保育の経験があり，転居の関係で毎年転所を繰り返し，3歳児より公立S保育所入所となる。

1歳頃より落ち着きなく,保育所では友達に関心を示さず遊ぼうとしない。テレビのことばかりを独り言のように言っている。3歳児健診で言葉の遅れで経過観察となるもその後,言葉が出てきたということで母親が保健所のかかわりを拒否する。

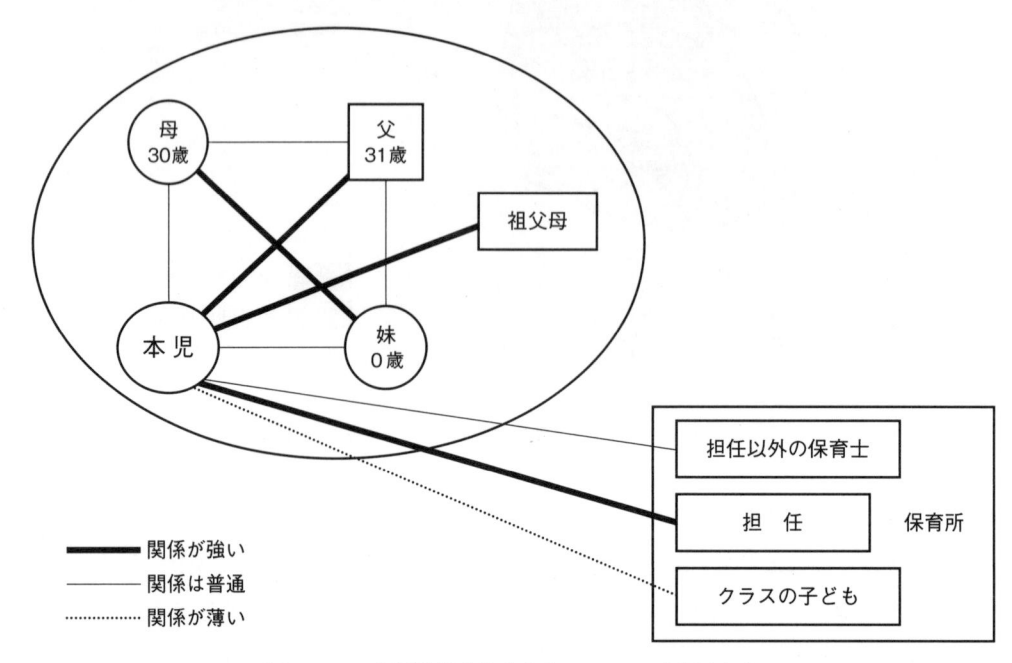

図5-3 広汎性発達障害家族エコマップ(事例2)

（2） 保育所入所当初の様子

1）生活の状況

① 行動特徴

　騒々しいのが苦手で,大勢の子どもたちがいる場所では両耳を手でふさいで,その場にいるのを嫌がる。戸外では,土管の中,チャイルドハウスの中,砂場,固定遊具(ジャングルジムの上など)の高いところ静かなところを好み,自分の世界でひとり遊びを楽しんでいる。

　室内では机の下や布団入れの中に隠れている。生活の流れの中で次の行動に移れない。物に固執して持ち歩く。保育の切れ目や新しいことを始めるときは集団にいることをより一層拒否する。

　絵を描くことは苦手で線は弱いが,折り紙など一対一で対応すれば簡単なものは折れる。身体を動かすことが好きで走るのは速く,また,高い所(70～80cm)に昇ったり飛び降りたりする。三輪車がこげる。

　また,視線を合わせることなく,相手を引っ張っていき身振りで表現することがあるものの,独り言を言いながらごっこ遊びをひとりでやり「たこ焼き買いに行こう」「たこ焼き食べよう」など三語文以上で話せる。

② 対人関係

　大人との関係に関しては,保育者だけでなく,散歩中に出会う見知らぬ大人に対しても人見知りなく誰にでも話しかけかかわっていく。また,子どもとの関係に関しては,特定の仲のよい友

達はなく，クラスの子どもの名前にも関心を示さず覚えようとしない。友達の遊びは見ていることはあっても一緒に遊ぶことはほとんどない。

③ 生活習慣

食事では好き嫌いはあまりなく，箸，スプーンで食べるが時々手づかみである。途中で立ち歩く。

排泄では，排尿は，行きたいときに行く，あるいは保育士に知らせる。しかし，よく前をぬらしている。排便はパンツの中でしており，その後も全く知らせない。

着脱では，パンツ，ズボンははけるが保育士が手助けするのを待っていることが多い。

午睡時には嫌がって外へ飛び出してしまう。

なお，家庭では，アニメのビデオをひとりで見ていることがほとんどで，集中して見ている。また，ひとりで遠くの公園に行って遊んでおり，警察に保護されたことがある。

母親の養育状況に関しては，愛情表現が比較的淡白で，言葉かけは乱暴できつい。ゆっくり本児のペースでかかわってもらいたいと保育士が伝えてきたが，わかっていてもできない。休みの日に公園に連れて行くが動き回っているので疲れてしまうと訴える。

## 2）社会性発達評価と保育の課題

① 第1回目のスケールチェックの結果（表5-3）

**表5-3　第1回目のスケールチェックの結果（事例2）**

| 項目 | 段階 | 子どもの姿 |
|---|---|---|
| A | 10 | 母親のことははっきり認識した上で分離はスムーズである。 |
| B | 8 | 新しい状況にやや緊張するが，自分のやりたいことが保障される限りは，不安になることはない。 |
| D | 3 | 制止されると，その瞬間は止められるが，すぐに行動が再開されてしまう。 |
| E | 4 | 他のクラスで好きな音楽がかかっていても担任の顔を見て出て行く承認を得ようとし，だめと察するとあきらめるが，5段階のように「いただきます」まで待つことはできない。 |
| C | 5 | 好きな保育の時間には集団に戻ってくることがある。 |
| F | 6 | 好きな恐竜の絵本を見ていて名前を正確に言って，担任の顔を見て共感的笑顔を向けてくる。 |
| G | 1 | 他児が楽しそうにしていたり，悲しそうに泣いていたりしても表情も変えず，見ようともしない。 |
| I | 2 | みんなの歌声が聞こえると見に行く。全員で揃って体操をしているとじっと見る。 |
| J | 3 | 子どもの遊びの中に保育士が入っていくと，その保育士に近づこうとする。 |
| H | 4 | 一対一の関係では，やっていることを認めてもらおうと担任の顔を見て共感的笑顔を向けてくる。 |

現在の保育所入所前にすでに集団保育の経験があり，その影響と思われるA（母子分離），B（不安，緊張の軽減）の2項目に関しては年齢相当の状況にあった。それに対して，他の8項目の評価は総じて低く，1～2歳台の状態であり対人面での弱さがうかがえる。そのプロフィールから特

に保育所での大人との基本的信頼関係を構築することが重要と考えられ，保育士との関係づくりに重点をおいた保育課題が適切と思われた。

② 当初の保育課題
ⅰ) 身辺処理の自立に向けて個別に傍らで見守りながら必要に応じて手助けをする。
ⅱ) 担任との関係を確実なものにするために，本児の求めに応じて追いかけっこやスキンシップをする。また，集団から離れてのひとり遊びも見守っていく。

### （3） その後の変化（5歳）
1）生活上の変化
① 行動特徴

　戸外では鉄棒，跳び箱，トランポリンに興味があり，スリル感を楽しんでいる。ボール遊びが好きで保育士を相手に投げたり蹴ったりしているが，友達が入ってくると抜けてしまう。室内では，虫，魚，恐竜の図鑑が好きでひとりでよく見ており，名前も知っている。保育士には自分の空想したことをよくしゃべりかけてくるが，相手の話はあまり聞こうとはしない。自分の属するグループはわかっているが，「どこにでも座っていいよ」と言われると，「座るところがない」とパニックを起こす。目新しい設定保育には興味を示し集団に入ってくるが，日常的な活動では集団行動を拒否して職員室に行ってしまうことが多い。好きな設定保育であるリトミックは喜んで友達と一緒に最後まで楽しめるようになった。

② 対人関係

　大人との関係に関しては，4歳児当初，特に3歳児からの持ち上がり保育士に甘えを見せていたが，5歳児になると担任すべてに甘えを示すようになる。保育室が騒がしかったり，次の活動前の切れ目になると，職員室に行って職員との個別のかかわりを求める。

　また，子どもとの関係では，毎日の生活の中で自分が楽しいこと，面白いときは少しずつみんなと一緒にいられるようになってきた。ちょっと嫌なことを言われたり，自分の思いが通らなかったりすると怒ったりすねたりするが，徐々に我慢ができるようになった。友達と一緒にブロックをしたり，ごっこ遊びをしたりすることはできないが，みんなの中に入って同じように絵本を見て保育室にいられる時間が多くなる。特定の親しい友達ができ，少し遊べるようになったが，なかなかうまくやりとりができずよくトラブルになる。本人は「遊んでくれない」と保育士に訴えにくる。保育士が間に入って話を聞き，本児に分が悪くなると関係のない話をするなどしてその場をやり過ごそうとする。

③ 生活習慣

　食事時には，好きなものだけ食べると立ち歩いたり，保育室から出て行ってしまったりする。保育士がついて食べさせると最後まで食べることができる。排泄や着脱は自立している。

2．事例2　広汎性発達障害（保育所入所年齢3歳5ヶ月）　77

2）社会性発達評価と考察

① 第2回目のスケールチェックの結果（表5-4）

**表5-4　第2回目のスケールチェックの結果（事例2）**

| 項目 | 段階 | 子どもの姿 |
|---|---|---|
| A | 10 | 年齢相応の母子分離。母と別れるのを認識した上でスムーズに別れる。 |
| B | 10 | 保育所の場面ではのびのび行動している。 |
| D | 5 | ひとり違うことをやっていて制止されるとパニックになる。 |
| E | 6 | 自分のしたいことははっきり要求し，遊具など取られそうになると「いや」と拒否する。 |
| C | 7 | 見立て遊び（積み木を家に見立てる等）ができるがごっこ遊びはできない。 |
| F | 7 | わかってもらえないとすねたりする。 |
| G | 4 | ひとり遊びが大半を占め，他児が楽しそうにしていてもあまり興味を示さない。 |
| I | 3 | 他児が楽しそうに遊んでいるとその遊具を持っていったりする。 |
| J | 5 | 気に入った保育士が他児といると寄っていってその子のまねをする。 |
| H | 10 | 特に担任との関係は良好である。 |

　保育士との関係は年齢相応の状態になってきており，当初の保育課題の設定が功を奏したと考えられるが，それ以外はほとんどの項目にわたって1～2年のレベルの伸びにとどまっている。細かく見ていくと右半分の項目D，E，Cでは2年の伸びが見られ，3～4歳のレベルになっている。反面，左半分の項目F，G，I，Jでは1年の伸びにとどまっており，せいぜい2歳レベルに到達してきている状態である。特に「他児との関係が深まる」項目Iに関しては1歳台である。

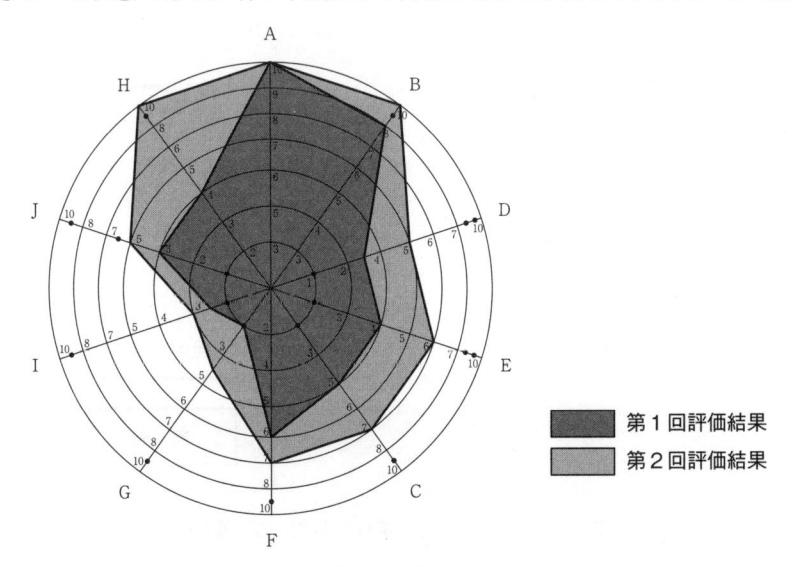

**図5-4　事例2　広汎性発達障害児のレーダーチャート**

② 考　察

　プロフィールから見れば，第1回目のスケールチェック時点でタイプⅥ「J型」，もしくはタイプⅤ「不定型」と見られ，もともと本児は対人関係を構築する上での弱さをもっていると思われ，広汎性発達障害が疑われる。第2回目のスケールチェック時点では典型的なタイプⅢ「D型」に移行している。言語・認識面は2年余りの保育を通してほとんど年齢相応の発達状況にまで伸びてきている反面，集団行動が取りにくく周りの子どもたちからは「勝手なやつ」と見られがちであった。保育士は，できるだけ本児のよさを他児に認められるよう，得意な部分も含めてクラス集団に伝えていった。5歳児になって，本児が恐竜図鑑のすべての恐竜の名前を言えることを子どもたちと一緒に認め合ったり，虫集めが得意な本児について散歩のときに披露してもらったりした。このようにクラスの中で本児の居場所，集団の中で認められる場を工夫したことで，自分の欲求がかなえられなかったときにも，自分を認めてくれるクラス（自己肯定感）が欲求のコントロールを可能にしてきたといえる。しかし，本質的にはなかなか相手の気持ちを思いやることは困難で，信頼関係のある担任の仲立ちは今後も必要であると思われる。

## 3．事例3　ダウン症（保育所入所年齢2歳7ヶ月）

### （1）保育所入所までの経過

**1）生育歴・既往歴**

　妊娠中・出産時の異常はなく，出産時体重2,950g，身長46.5cm，頭囲30.5cmであった。合併症として心房中隔欠損症があったが，2歳3ヶ月で自然治癒した。身体発達の経過は，定頸6ヶ月，座位9ヶ月，はいはい12ヶ月，独歩20ヶ月，始語30ヶ月（マンマ）であった。

**2）保育・訓練歴**

　早期療育などを受けたことはない。

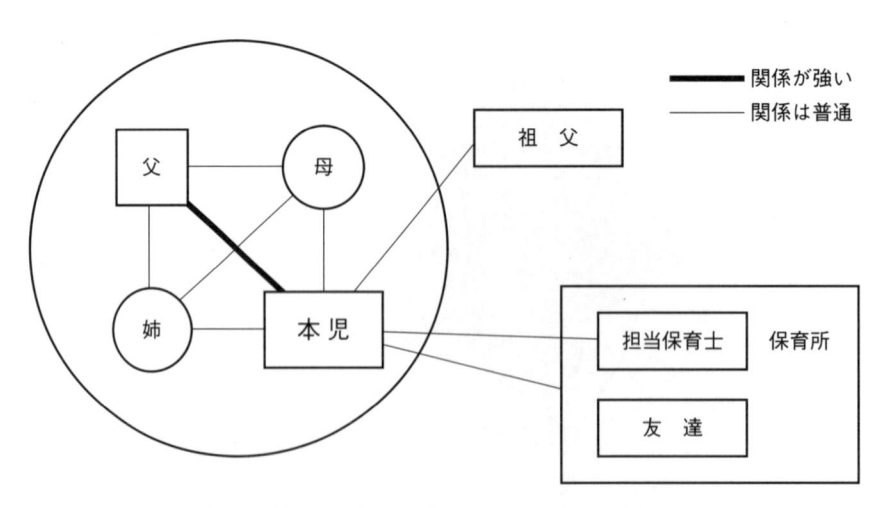

図5－5　ダウン症児の家族エコマップ（事例3）

## （2） 保育所入所当初の様子（2歳9ヶ月）

### 1）生活の状況

#### ① 行動特徴

身長は平均より高く，やや肥満気味。よく動き回る。抱かれ下手で重く感じる。歩行時は前かがみで，両腕でバランスをとる。散歩時は少し歩くと座り込み，抱くとずっと降りようとしない。階段の昇降時は四つ這いで，階段や高所では安全を確認して降りる。手指の操作は人差し指，親指の動きが未分化で，描画はマジックインキで引っかき画である。自分の持ち物はわかっている。

#### ② 対人関係

保育所入所当初は1日目より2日目と日を追うごとに母子分離不安が高まり，10日過ぎる頃より少しずつ状況がわかってきて母親と離れるときに大泣きする。クラスの中では，泣き止むと誰にでもくっつき，笑いかけたり急に押したり噛んだりする。他児が落ち着いていると短時間ではあるが座っていられる。リズム遊びは大好きで他児の動きの模倣も少し見られる。バイバイ，ありがとうには応答する。叱られると保育士の顔を見て一瞬動きを止める。

#### ③ 生活習慣

生活場面のほとんどで介助を必要とする。また，嫌いな食べ物は舌で押し出してしまう。

### 2）社会性発達評価と保育の課題

#### ① 第1回目スケールチェック（表5-5）

**表5-5　第1回目のスケールチェックの結果（事例3）**

| 項目 | 段階 | 子どもの姿 |
|---|---|---|
| A | 2 | 入所当初は2段階の状態が見られたが，2ヶ月後のチェック時点では4段階「保育所に近づくと，母親と離れることを予想して」しがみつく姿が見られる。 |
| B | 2 | 項目Aと同様に当初は2段階の極度の不安，緊張が見られたがいったん母子分離不安が解消されると4段階の「全体の様子を眺める」ようになる。 |
| D | 2 | 他児にしがみついたり，時には噛みついたりして保育士に制止されると一瞬保育士の顔を見て手や口を離すが止められたという意味合いは理解できていないようである。時には持っている遊具を投げて保育士に止められるとその制止行動を期待してまた投げたりする。 |
| E | 2 | 周囲の雰囲気を感じて拒否したり，寄ってきたりはするもののまだ衝動的に行動することがほとんどである。 |
| C | 2 | 人や物を介して遊ぶことに関心がなく，手遊び等大人に相手をしてもらって楽しんでいる。また，長続きはしない。 |
| F | 3 | 母親と別れて保育士に抱かれると悲しそうな表情から保育士と視線が合うとうれしそうに笑いかける等状況にあった単純な感情が表れる。 |
| G | 4 | リズム遊びで他児が集団になって行動していると入ってきて同じように体を動かす姿が見られるが，他事の動きを見ているのではなく雰囲気のみに反応している。その他の場面では5段階のように保育士がついていても集団の動きには興味を示さない。 |
| I | 2 | たまたま横に座った他児にしがみついたり噛んだりするが，そのときの相手の反応に対しては無関心である。他児が大きな声を出しているとじっと見るが確認はしない。 |
| J | 2 | 楽しそうに他児と保育士がかかわっていることにはほとんど関心を示さないが，泣いている他児に保育士が抱きとめてかかわっていると見ていることがある。 |
| H | 2 | 母親と別れた直後は保育士にむしろ拒否的な態度をとって母親との違いを表すが散歩時に座り込んだときは素直に保育士に抱かれ降りようとしない。保育士が遊びに誘うようなかかわりをすると拒否をする。 |

② 当初の保育課題

以上のようなチェックの結果と状況を踏まえて日常の保育の見直し点検を行い，次のような保育手立てを行うことにした。

ⅰ) 本児の場合は，D (制限の理解)，E (自己制御)，C (遊び)，Ｉ (他児との関係)，Ｊ (三者関係)，H (保育者との関係) の項目での弱さが課題となっている。項目D，E，Cは，認知能力との関連が考えられ，発達年齢に即した経験をつんでいくことが必要と思われた。そのためになるべく保育士との一対一の関係を重視して，感覚的な体を使った遊びを保育士がするよう心がける。

ⅱ) 同時にダウン症特有の筋力の弱さを考慮して，好きなリズム遊びを十分に取り入れ，散歩時には励ましながら歩くことへの意欲を育てるよう心がける。

## (3) その後の変化 (4歳9ヶ月)

### 1) 生活上の変化

#### ① 行動特徴

身長が伸び，肥満気味の体型が気にならなくなる。動きがすばやくなり，行動範囲が広がる。部屋のおもちゃをひっくり返したり，同じ形の積み木を並べたり積み上げたりする。なぐり描きが好きで画用紙いっぱいにぐるぐる丸を描いている。戸外では三輪車を片足でこいだり，鉄棒や滑り台の下のバーに両腕でぶら下がったり大胆な遊びになってきている。階段は手すりを持たずに足を交互にして昇り，一歩ずつそろえて降り，最後の段は両足で跳ぶ。紙や発泡スチロールを手でちぎる。

#### ② 対人関係

同じクラスの子どもからのかかわりは積極的に見られるが，本児からのかかわりはあまりなく，いやなときは相手を噛んだりしている。気に入った特定の子どもがいて，本児の方から寄っていって追いかけっこを楽しむ。保育士に認めてもらいたいと「オー！」と呼ぶ。「外へ行くよ」の声かけで帽子を持ってくる。自分の持ち物は間違えない。ロッカーや靴箱の自分の場所を知っている。

#### ③ 生活習慣

介助が必要な場面は少なく，みかんの皮を指先で上手にむき食べることもできる。

### 2) 社会性発達評価と考察

#### ① 第2回目のスケールチェックの結果 (表5-6)

この2年間の保育を通じてすべての項目にわたって1～3段階の伸びが見られる。特に「項目A 母親から分離していく過程」「項目B 不安感，緊張感の減少」「項目H 保育士との関係が深まる過程」においては4段階以上の伸びが見られ，「項目C 遊びの発展」「項目Ｉ 他児との関係が深まる過程」においては3段階の伸びが見られる。一方「項目F 感情の表出過程」「項目G 集団への適応」「項目Ｊ 三者関係」においては2段階，「項目D 制限の理解」，「項目E 自己制御」に

3. 事例3 ダウン症（保育所入所年齢2歳7ヶ月） 81

**表5－6 第2回目のスケールチェックの結果（事例3）**

| 項目 | 段階 | 子どもの姿 |
|---|---|---|
| A | 6 | 自分からは母親から離れないが，母親が促したり，保育士が声をかけると離れられる。 |
| B | 7 | 保育士がそばにいれば，安心して活動する。 |
| D | 3 | 他児に噛みついたとき，保育士に「噛むのはダメよ」と制止されるとその意味を理解し，やめることができる。 |
| E | 3 | 保育士に対して遊びたいおもちゃがあるなど自分の要求を伝えるが，それを他児が持っていた場合に取り上げるというように相手の反応を確認して行動するのは難しい。 |
| C | 5 | 保育士や特定の他児の動き（手遊び，運動など）を模倣する姿が見られる。 |
| F | 5 | 他児の泣く，笑うなどの表情をじっと顔を覗き込む姿が見られる。 |
| G | 6 | 集団への参加は難しいが，集団の動きには関心を示し，その様子を見ている。 |
| I | 5 | 特定の他児のかかわりが可能。 |
| J | 4 | 他児と保育士のかかわりに関心を示し，じっと見つめている。自分に興味のあることであれば近づいてくる。 |
| H | 6 | 保育士からの働きかけには積極的に応じている。また保育士の反応を見ながら遊ぶ様子が見られる。 |

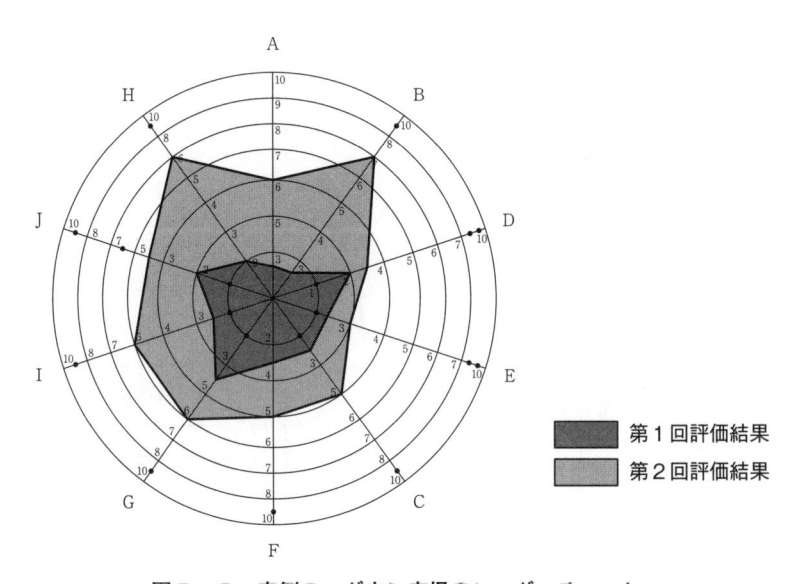

**図5－6 事例3 ダウン症児のレーダーチャート**

おいては1段階の伸びにとどまっている。

② 考 察

1回目のチェック時点では，すべての項目にわたり中心部に近く，タイプⅡ未熟型といえる。初期に掲げた課題を受けて，まず担任保育士との関係を築き，それをベースに他児への関心，三者の関係が深まっていくことを仮定して，できるだけ保育士と一対一の時間を確保し，本児の保

育を進めてきた。クラス集団になるべく近い場で，本児の好きな遊びを保育士が一緒にする，その中に他児を巻き込むことで，他児の中から積極的に本児にかかわろうとする子どもが出てきて，本児にとっても特定の気に入った子どもができ，相互関係のあるかかわりがでてきた。制限の理解や自己制御の伸びについては，それに先駆けて出現すべき自己主張を十分に保障すること，そのためには好きなことを見つけて大いに経験させることで自己制御の力ができてくると思われる。前述のように，2回目のチェック時点ではすべての項目にわたって1～4段階の伸びが見られ，全体にタイプⅠ標準型に近づきつつある。

## 4．事例4　被虐待児（児童養護施設入所年齢4歳2ヶ月）

本事例は，母がアルコール依存症によって養育困難となり，児童養護施設に入所するにいたった児童について，児童養護施設内での社会性発達の状況を示したものである。

### （1）児童養護施設入所までの経緯

本児の0歳時に父母離婚。その後母子のみで生活。母はアルコールに起因するうつ病発症。飲酒をすると児の面倒を見なくなり，風呂にも連れて行かず，ふりかけとご飯のみが与えられる。児へ話しかけることもほとんどない。生活保護のケースワーカーからの通報で児童相談所が介入し，児童養護施設への入所になる。本児は発達的に遅れはなく，自信なく小声だが，言語面での力はある。

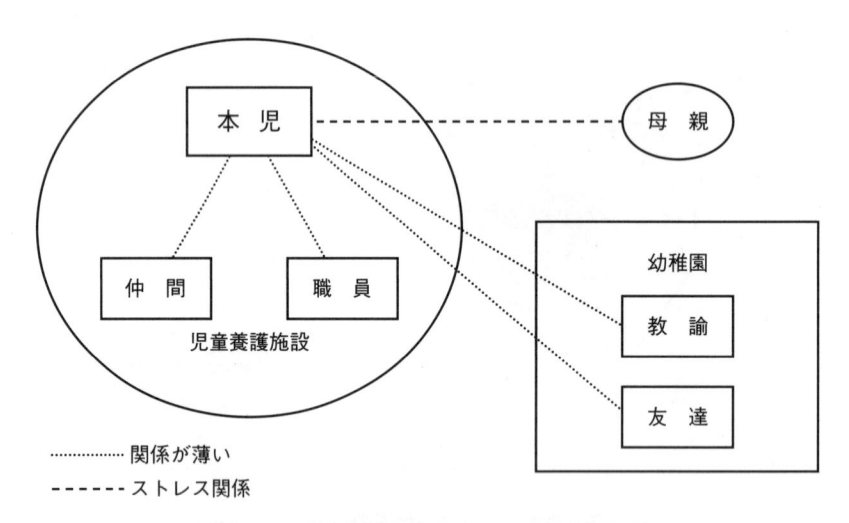

図5－7　被虐待児の家族エコマップ（事例4）

### （2）児童養護施設入所当初の様子（4歳2ヶ月）

1）生活の状況

細い体型で，白く弱々しい印象を受ける。

2) 社会性発達評価と保育の課題
① 第1回目のスケールチェックの結果（表5-7）

表5-7　第1回目のスケールチェックの結果（事例4）

| 項目 | 段階 | 子どもの姿 |
|---|---|---|
| A | 1 | 母が退室しても追視することなく，母を意識していないような様子。 |
| B | 1 | 部屋の隅で，無表情にひとり遊びをしている。 |
| D | 5 | 大人の顔色を常にうかがっているが，制止されるとカッとなり，パニック様に叩き続けてくることがある。 |
| E | 5 | 大人の簡単な言いつけには応じられるが，自分の要求を表現することはほとんどない。どうしたいか問われても，黙って固まってしまうことが多く，時々小声で答える。 |
| C | 6 | 見立て遊びのようなものをひとりの世界で行っている。大人からのかかわりは拒否せず，促すと模倣も可能。友達が近寄ると拒否はしないが，身体が硬くなっていて話そうとしない。言いなりになっていて，物の取り合いのけんかは起こらない。 |
| F | 1 | "怒り・悲しみ"の表情を見せることが時々あるが，"喜び"の表情を見せることはない。ほとんど無表情。 |
| G | 2 | 集団の動きを離れたところから見ている。自分から集団の中に入ってくることはない。集団で動く必要がある場合，大人と一緒に集団の近くにくるが，見ているだけで本児の動作での反応はない。 |
| I | 3 | 玩具には興味をもち，それを使っている他児をじっと見つめることはあるが，自分から他児に笑いかけたり，かかわりをもとうとしたりしていくことはない。 |
| J | 2 | 保育士と他児のかかわりは眺めているが，そのかかわりに自分も入っていこうとはしない。 |
| H | 3 | 本児から保育士に話しかけてくるというような積極性はないが，保育士のかかわりには，消極的だが応えるときが多い。全く反応が返ってこないときもある。 |

② 当初の保育課題

　社会性発達状況チェックの結果を踏まえて，施設内での本児への対応を以下のように進めていくことになった。

ⅰ）不安感，緊張感が極度に高いため，保育士との信頼関係を築くことを重点課題とする。保育士の方からのかかわりは，本児に無理ない程度，つまり，侵入的でなく寄り添う程度にする。"本児が楽しめることを一緒に見つけていこう"という形で関係を築く。

ⅱ）喜怒哀楽の表現が乏しいが，ささいな本児の表情の変化や表情で訴えなくても行動で訴えているようなときは，保育士が代弁して表出していく。

ⅲ）集団には，まずは保育士が仲介役となり，本児の興味あるものをもとに少しずつ参加していく。決して無理はせず，保育士と本児で一緒に他児の様子を眺めることから始める。

（3）その後の変化（入所2年後）

1）生活上の変化

　保育士や他児との関係は，年齢相応のものとなってきているが，母親とは話をする様子が見られない。

2）社会性発達評価と考察
① 第2回目のスケールチェックの結果（表5-8）

表5-8　第2回目のスケールチェックの結果（事例4）

| 項目 | 段階 | 子どもの姿 |
|---|---|---|
| A | 1 | 母親が尋ねてきた際も，別れ際に母親の方を振り返ることはない。母親とは全く話そうとせず，ずっと下を向いている。 |
| B | 4 | 幼稚園で運動会の際などは，先生が一緒でかつハンカチを持ち続けていないと不安になる。それでも不安のあまり，動くことができないこともある。 |
| D | 9 | 「いや」と言いながらも，説得されると対応する。まだ，自分から制限して行動することはない。 |
| E | 9 | 順番に譲ったり，相手の求めていることに応じて我慢したりすることもできてくるが，納得がいかないことには抗議する。自分の要求と相手の要求を合わせてどうしていくかを考えていくには至らない。 |
| C | 9 | 自分なりにイメージをもって見立て遊びに長時間入り込むことはある。イメージの世界は広がってきている様子。 |
| F | 8 | 全体的に感情の表出は少ない。自分の感情を抑え込んでいるのか，それとも自分の感情に気づきにくいのか，他者には感情が読み取りにくい。特に"喜び・楽しさ"の感情を表出することはほとんどない。したがって，保育士は関係のとりにくさを常に感じる。しかし，アンビバレントな感情表現は増えている。 |
| G | 7 | 施設内では保育士の援助があれば他児とルールにそったゲームを行うが，幼稚園の集団行動には，保育士の援助なしでは後ずさりして入っていけないことがある。 |
| I | 6 | 玩具には興味をもち，それを使っている他児をじっと見つめることはあるが，自分から他児に笑いかけたり，かかわりをもとうとしたりしていくことはない。 |
| J | 8 | 他児からのかかわりがあると応じていけるが，自分から積極的に他児にかかわっていけない。 |
| H | 8 | 保育士が見守っていると，自分の主張を表現できる。しかし，保育士から手伝いを頼まれると自信なげに「できない」と拒否する。 |

② 考　察

　母親が養育困難となり4歳児で児童養護施設に入所してきた被虐待（ネグレクト）児の2年間にわたる施設での社会性発達状況については，これまでのⅠ～Ⅵ型で説明できるような型には当てはまらないプロセスをたどった。

　第1回目チェック時点ではⅡ型未熟型に近いが，項目D，E，Cはほぼ生活年齢水準に達しており，それ以外の項目が1歳～2歳台にとどまっている。このことは，本児が極初期の段階より，本来親子間で築かれるべきアタッチメントが成立していなかったことによるものと思われる。しかし，項目D（制限の理解），項目E（自己制御），項目C（遊び）がほぼ生活年齢レベルであるのは，基本的な世話はなされていたために知的には通常の発達をしてきているが，逆説的に見れば過剰適応（大人に嫌われまいとする心理）によるものとも思われる。

　第2回目のチェック結果によれば，2年間の施設での生活によって保育士や他児との関係はかなり改善され，ほぼ生活年齢までキャッチアップしてきているが，母親との関係や不安・緊張感は第1回目チェック時点と変わっていない。これは，人生初期に獲得すべきであった基本的信頼感を再構築するには時間と周囲の献身的なかかわりを必要とするものであることを物語っている

といえる。このような項目AおよびBのみに見られる楔状陥没は被虐待児によく見られるパターンである。

　最近子どもの虐待について社会的関心が高まり，虐待の結果としての発達の遅れ，精神症状や行動上の問題が注目されるようになってきている。虐待を受けた経験のある子どもに対しては，出会い当初より心理治療的なかかわりが必要である。「自分の居場所がある。自分は受け入れられている」という安心感をもてるような姿勢が大切である。

　今後も，本児に寄り添う形で保育士が見守るとともに，本児自身の活動に達成感を得ていけるよう援助していき，本児の充実感の蓄積から不安感の減少に少しでもつなげていけることが望まれる。

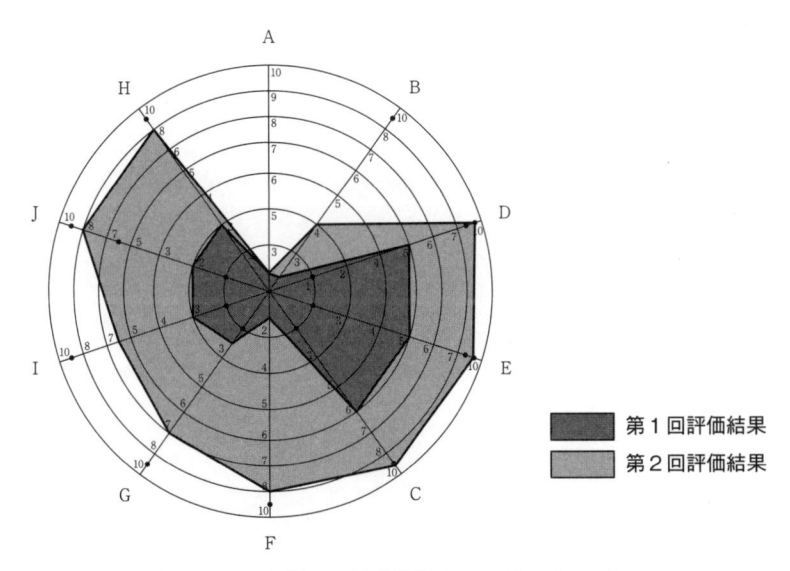

**図5−8　事例4　被虐待児のレーダーチャート**

# 第6章 実践への応用

## 1．応用行動分析

### （1） 障害のある子どもに対する応用行動分析

　障害のある子どもへの援助アプローチにはさまざまなものがあるが，有効な援助法の一つとされるのが行動分析学を基礎とした応用行動分析（Applied Behavior Analysis：ABA）である。

　ABAでは，自発する行動を「先行条件（～のとき）―行動（～したら）―結果（～になった）」という関係，これを三項随伴性と呼ぶが，先行条件とは行動が起こる直前の状況や環境であり，結果とは行動の直後に起きた環境の変化のことをいう。このように，ABAでは行動を環境との相互作用から捉えている。

　ABAに関する詳細は他書[1]に譲るが，これにならえば，ある状況下で何らかの行動の結果，その人にとってよいことが起これば，あるいは，その人にとってよくないことがなくなれば，その行動は繰り返される（これを強化と呼ぶ）。逆に，ある行動の結果，その人にとってよくないことが起これば，あるいは，よいことがなくなれば，その行動は減っていく（これを弱化あるいは罰と呼ぶ）。つまり，行動は結果に大きく影響されるのである。また，その人にとって「よいこと」「よくないこと」を強化子と呼ぶ。

　そのため，「障害」についても個人と環境との関係から分析される。例えば，知的障害のある子どもが「服の着脱ができない」場合，その原因を知的障害に求めない。それは先行条件（自発的に着脱するための物的・人的環境や状況）と，結果（着脱の結果，その子にとってよいことが起きたか，起

**表6－1　応用行動分析における援助の手順**

| 援助の手順 | 手順内容 |
|---|---|
| ① 標的行動の設定 | 形成したい行動／改善したい行動（標的行動）を選択し，確定する。 |
| ② 標的行動の機能分析 | ①　環境の分析（機能分析）を行い，いかなる条件で標的行動が出現するのか，あるいはしないのかを特定する。<br>②　標的行動を構成する下位スキル（服の着脱行動であれば，上着に手を通す，ボタンをつける等）を分析し，現在，子どもがどこまでできるのかを特定する。 |
| ③ 援助計画の策定 | 自発的に行動し，それを維持するためにどのように環境を整えるか決定する。すなわち，どのような弁別刺激を配置するのか，どのような強化子を用いるのか等を決定する。 |
| ④ 実施と評価 | ①～③に基づき援助を実施し，評価する。改善が見られなければ，違う援助法を考える。 |

こらなかったか），そして，現在の行動スキルの有無との関係に着目し働きかける。要するに，ABAによる援助では，子どもが行動を自発させ，維持するための環境をいかにして整えるかに主眼が置かれている。

しかし，援助初期から，先行条件での刺激（弁別刺激）が強いと，形成した行動が広がりにくい，指示がなければ行動が起こりにくいなどの問題が生じる。その克服法として，フリーオペラント技法が発展し，成果を上げている。これは，弁別刺激を最小にし，行動の結果への働きかけを徹底する（強化子による制御を最大にするオペラント強化）手続きに重点をおく技法である[2]。そして，子どもとのよい関係やアタッチメントを重視し，日常場面，特に遊びの中で社会性強化子（賞賛，微笑み，くすぐりなど）を使って行動形成を行っている。

### （2） 応用行動分析の実践事例

ここでは，軽度発達遅滞と診断を受けたA君に対して行った保育所での援助の実際を取り上げる。

#### 1）援助開始前（1月～3月）

① プロフィール（表6-2）[3]

A君の保育所での様子を中心に，生育歴などを保育士からの聞き取りからまとめた。

② エコマップ（図6-1，家族関係は表6-2の「子どもと家族」を参照）

母親はよく担任と話したり，悩みを相談している。利用している社会資源は，保健所と児童相談所である。保健所の親や保育士に対する指導は「たくさんの言葉かけをして下さい」であった。児童相談所（以下児相と省略）は言葉を重視しつつも信頼関係の形成を最優先と考えていた。児相では言葉の遅れている子どもを対象にした集団指導に4月より参加する。この時点で保育所は児相より，保健所とのつながりの方が強かった。

③ 乳幼児社会性発達のプロセススケール（図6-2）

A君のレーダーチャートは，全体的に未熟な，タイプⅡを示した。

援助の焦点としては，表6-2の総括にある4点が挙げられた。話し合いの結果，言葉に関して援助していくことが決定した。入所当時よりA君の言葉を増やそうと働きかけてきたということで，保育士のA君に対する接し方を自由遊びの時間に観察した。

> ●エピソード1
>
> 人形を持ってうろうろしている。「あか…」と何か言っているが聞き取りづらい。保育士が「A君，赤ちゃんがどうしたの？」と言うと，黙ってしまった。保育士が続けて「A君，A君，赤ちゃんでしょ」と言うと，保育士をじっと見て，人形を持ってうろうろし始めた（3月15日）。

保育士は，発語を促す働きかけや発語修正することが多く，その場合，A君は無言であったり，保育士を回避する行動が見られた。これは家庭でも同じとのことであった。

観察結果から，A君が話せないのを修正したり，多くの言葉かけをした結果，失敗経験が積み

**表6-2　A君のプロフィール**

| 名　前 | A君（男） | 年　齢 | 3歳5ヶ月 | 診断名 | 軽度発達遅滞 |
|---|---|---|---|---|---|
| クラス運営 | | 3歳児クラス23名（男子12名，女子11名，うち障害児2名），保育士3名 | | | |

| 子どもの病歴 | 〈生育歴〉<br>　出生体重：3,411g　　身長：50cm　　始歩：10ヶ月　　始語：10ヶ月<br>　母親の就労に伴い，保育所へは3歳3ヶ月で中途入所（弟もともに入所）。<br>〈既往歴・現症〉<br>　3歳児健診で言葉の遅れが指摘され，児童相談所で軽度発達遅滞の判定を受ける。風邪を引きやすいが大きな病気はしていない。視覚・聴覚には異常はない。 |
|---|---|
| 子どもと家族 | 〈家族歴〉<br>　両親ともに地元の高校を卒業し就労。父親は，祖父母とともに自営業を営んでいる。母親は結婚と同時に退職したが，最近パート就労を再開。祖父母は育児に協力的である。<br>〈育児態度・障害受容〉<br>　母親は弟と比べて遅れているとは思っているが，「言いたいこともわかるし，こちらの言っていることも理解している」と問題意識は低い。それよりも最近，ベタベタ甘えて困るともらしている。父親はよく遊びに連れて行くが，接し方は父親ペースで，育児には厳しく，母親に甘えようとするA君を叱っている。また，言葉の遅れを非常に気にしており，発語の強制がある。 |

| 子どもと保育所 | 食事 | 食は細いが，好き嫌いはない。箸（握り箸）やスプーンを使ってきれいに食べる。 |
|---|---|---|
| | 排泄 | 保育士に「シーシー」などと尿意・便意を知らせ，トイレに行く。後始末もできる。 |
| | 着脱 | ほぼ自分でできる。うまくいかないときは保育士に知らせる。 |
| | 午睡 | ひとりで寝るし，よく眠る。 |
| | 清潔 | 手洗い・うがいは水遊びの感覚で行う。服が汚れたり，濡れても気にしない。 |
| | 安全 | 危険なことはあまり理解していない（危険な所に行くなど）。 |
| | 運動 | 運動は全般的に苦手。体のバランスが悪く，よくこける。 |
| | 言語 | 言葉すべて単語で「ブーブー」「お母さん」など10語前後である。発音は不明瞭で聞き取りにくいことが多い。入所当初は二語文も聞かれたが，最近はなくなった。保育士の言うことには反応し，簡単な指示も理解している。 |
| | 対人関係 | 他児が遊ぶ様子をよく見ているが，自分からかかわることはない。また，他児が誘っても集団に入っていくことはほとんどない。こちらからの働きかけを回避することが多く，応答関係がもちにくい。 |
| | 総括 | ・基本的な生活習慣は身についているが，表情が乏しく，意欲が感じられない。<br>・入所当初にあった二語文が聞かれなくなり，言葉も少ない。<br>・自分から他者への働きかけはなく，対人関係を回避することが多い。<br>・人形や自動車でひとり遊びがほとんどである。 |

重なり，発語意欲が抑えられていると考えられた。そこで，自発的に発声・発語する行動を標的行動とし，援助することになった。具体的な援助方針は以下の2点である。

① 保育士と良好な関係を形成する。そのため，彼の好きな遊びに徹底して付き合い，それに関する要求を受容する。その際，彼が困ったり，助けを求めたりしたときには援助するが，こちらから手出しするような働きかけはなるべく減らす。

② 言葉に関してはA君が自ら発語するのを待ち，それを真似て返す。さらに発語の強制や修正，教え込みは行わない。

また，母親の「甘えが強くて困る」という訴えに対しては，「保育所に来てお母さんと会えないので，甘えたがりになっているんですよ。たくさん甘えさせて下さい」と伝えた。発語の強制は

90　第6章　実践への応用

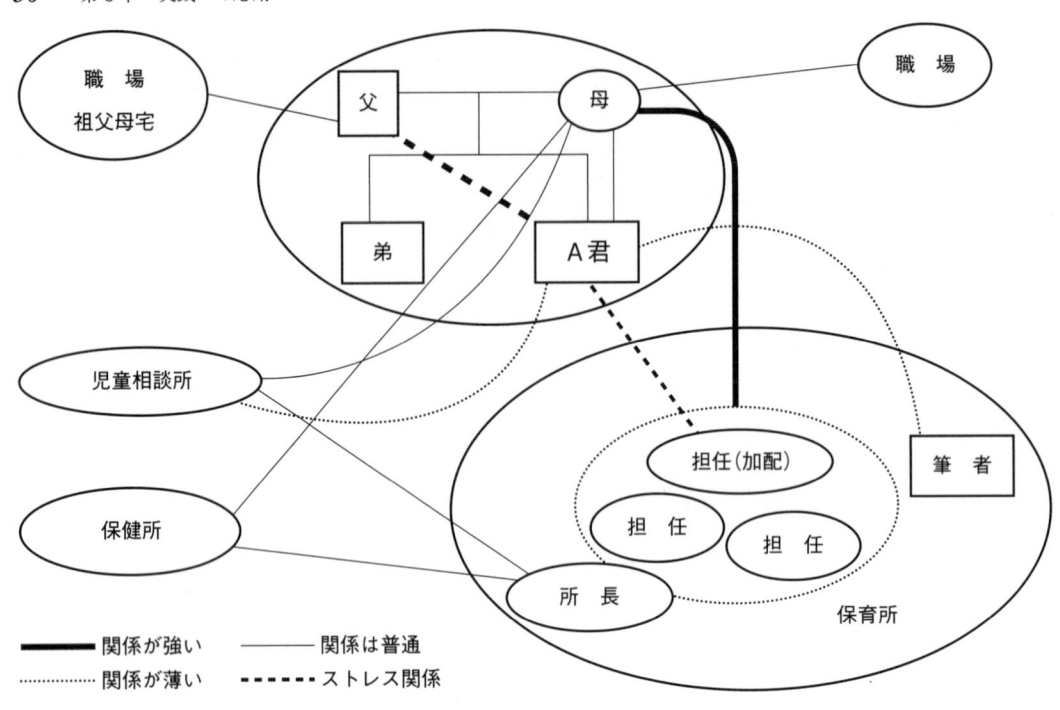

**凡例:**
──── 関係が強い　　──── 関係は普通
……… 関係が薄い　　━━━ ストレス関係

図6−1①　A君のエコマップ（援助開始前）

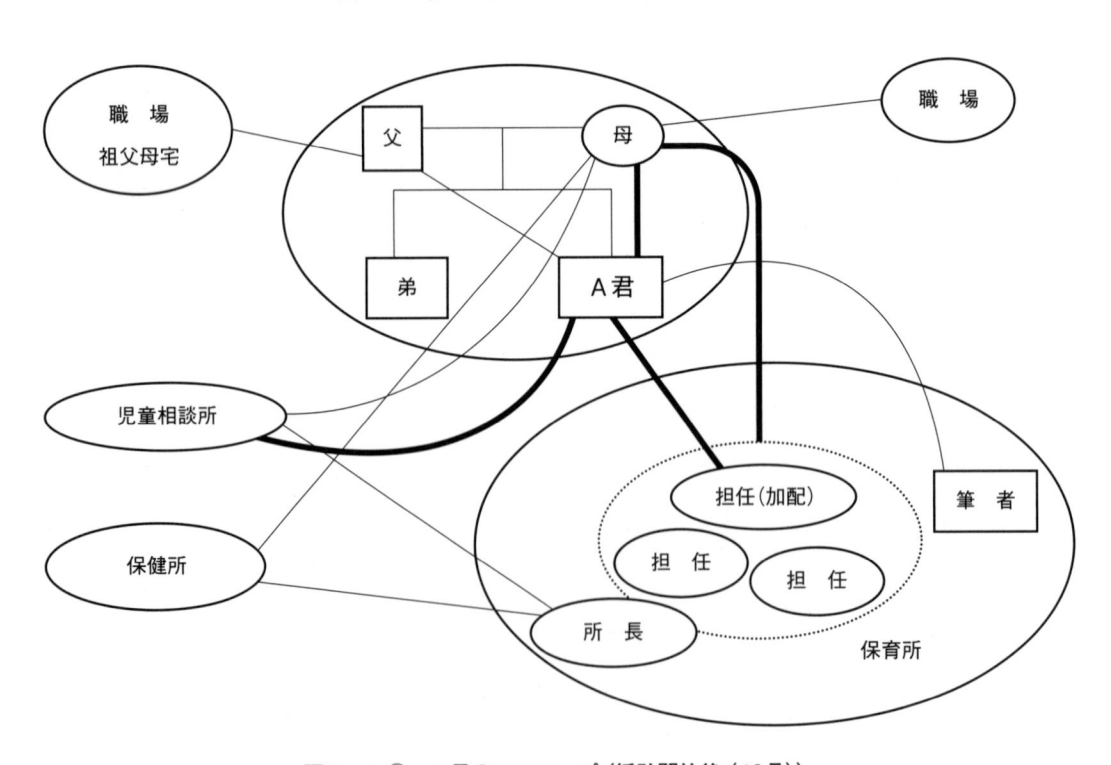

図6−1②　A君のエコマップ（援助開始後（12月））

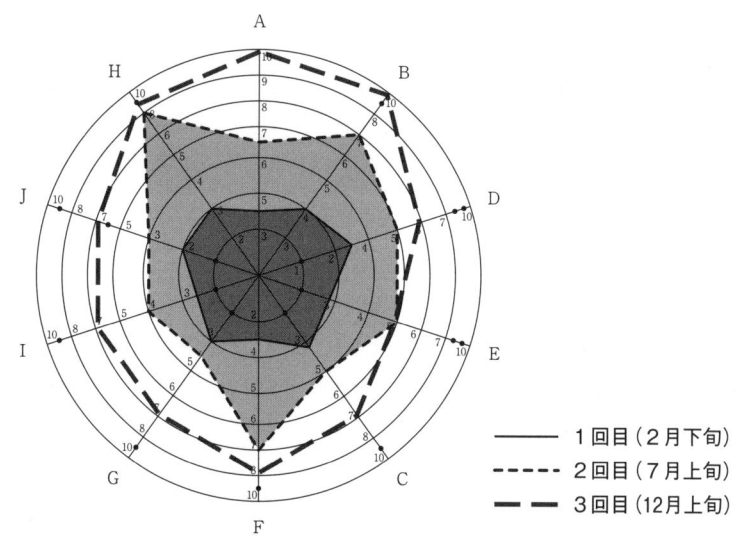

図6-2　A君のレーダーチャート

行わず，A君が自ら発語したときに応えるようにしてもらうことにした。

　児童相談所や保健所との連絡調整は所長が担当した。A君の現状を考え，「言葉かけ」という対応は一時的に見送ることにした。園長はその旨を保健師に伝え，それによって保健師との関係の悪化が懸念されたが，保育所の立場を明確にしたことで納得してもらった。

## 2）援助と評価
### ① 4～6月

> ●エピソード2
> 　自動車のおもちゃに乗っていたが，ひっかかって動けなくなった。保育士の方を向いたので，保育士が「うんしょ，うんしょ」と言って自動車を押した。自動車は動き，A君は自動車を再び走らせ始めた。保育士はかがみながら，A君についていった（4月13日）。
>
> ●エピソード3
> 　自動車のおもちゃに乗っている。A君は自動車に乗っていることが多く，彼のお気に入りの遊びである。保育士が微笑み，A君の頭をなでながら「A君，運転うまいね」と言うとニコッと笑って，さらに運転を続ける。それに合わせて「ブー，ブー」と言うとさらに加速する（5月10日）。

　援助開始後，エピソード2，3のように遊びの中での要求行動や，笑顔が見られるようになってきた。5月中は言葉の種類は変化していないが，発語の頻度は6月後半になると，40語前後に増えてきた。

　家庭では，甘えさせると父親が叱ることと，発語の強制をやめさせるのは難しいと再び訴えがあったので，①父親が見てないときに甘えさせる，②現時点で発語の強制はやむを得ないにして

も，その後で甘えさせる等してはどうかと提案した。

5月後半になると登所時には「お母さん，お母さん」と泣き始め，母親に対する愛着が表面化するようになった。家では，妹がいないときには特に甘えているということであった。

児相のプレイルームに行くのを楽しみにし，6月の中頃になると保育所と同じ遊びをしているとのことであった。

② 7～12月

7月上旬に再度，社会性の発達評価を行う（図6－2参照）。特に項目A，B，F，Hの過程が伸びている。つまり大人との関係はよくなり，不安も減少したと考えられる。

母親から，祖父や父親の仕事を模倣していると聞き，厚紙製の明細（伝票）や電話を準備した。

●エピソード4

電話に向かって「お母さん…野菜（紙製のもの）」と言う。保育士は「うん，野菜」と応える。自動車で部屋を一周して，また自動車から降り，厚紙を取り出して「明細」と言って，厚紙になぐり書きをする。保育士が「明細だね」と言って，微笑みながら頭を撫でる。A君もニコッと笑いながら，［自動車に乗る→伝票を書く］を5回ほど繰り返した（7月25日）。

●エピソード5

自動車に乗りながら電話に向かって「お母さん…」と言う。保育士が「お母さんね」と応えると「野菜運びます」と野菜を持ってきた。保育士は「野菜運ぼう」と，一緒に野菜を自動車に乗せた。乗せ終わると，自動車で部屋を一周し，保育士の所に戻ってきた。そして「明細を…」と言いながら，厚紙を出し，明細を書いて保育士に渡した。保育士が「ありがとう。お疲れ様」と言うと，A君は再び野菜を運び始めた（8月9日）。

エピソード4では「お母さん」と「野菜」には間があったが，二語文に近づきつつあった。エピソード5では，援助開始から初めて二語文が出た場面である。言葉の種類は20前後まで増え，発語数は7月に60を超え，8月には平均で76.5語となった。9月に入ると二語文が増え，10月の後半になると，他児の言葉や遊びを模倣する場面も見られた。さらに11月に入り，自動車遊びに加えて，ままごとも増えてきた。11月後半になると，エピソード6のように言葉のやりとりも見られるようになった。

●エピソード6

野菜を切っていたので，筆者が「お腹空いた」と言うと，「チーン（と鳴るまで）まで待って」と，お皿をレンジに入れる。「チッチッチッ…チーン。できた，熱いですよ」と筆者にお皿を渡す。それを食べながら「ふーふー，あーおいしかった」と言うと，にこにこしながらまた調理を始めた（12月1日）。

母親は，最近のA君の成長を非常に喜んでいた。母親に対する甘えはあるが，ベタベタはせず，

母子分離もスムーズになった。父親も自分の仕事を模倣されていることや言葉の増加を喜び，言葉の強制が少なくなったとのこと。参観日のときに父親に「無理なさらず，一緒にゆっくりやっていきましょう」と声をかけると，大きくうなずいていた。

12月上旬に3回目の社会性の発達評価を行った（図6-2参照）。項目AとHの伸びに見られるように大人との関係はよくなり，項目Fの部分から，表情は豊かになったことがわかる。

### 3）考　察

本事例では，入所当時から障害にばかり目がいき，A君との関係ができる前から言葉を増やそうと働きかけてきた。また家庭でも，父親が無理に発語させていた。だが，それはA君にとって失敗経験の積み重ねであり，結果的に発語意欲が失われたと考えられる。援助開始後は，保育士がA君の好きな遊びの中で，彼の言葉を真似て返すことで，発語が楽しくなるよう働きかけた。それは，子どもの発語に続いて大人が同じ声で応じ，楽しい経験を共有することで，強化の原理に基づいて子どもの発語頻度が増加する。さらに楽しい経験の積み重ねの結果として，相手から同じ声が帰ってくるのを待つようになるからである[4]。それには当然，保育士とA君との信頼関係が前提である。発語修正しなかったのは，子どもは行動の誤りを修正されると，間違わないようにと行動するため，間違う可能性のある発音を避けるようになり，かえって言葉の発達を妨げるためである[5]。

家族関係に関しては，母親が保育士によく相談をする方であったため，連携が容易であった。よい関係の中で，甘えや発語へのアドバイスを行うとともに，母親からA君の好きなことを知り，それを保育に生かし，楽しく遊ぶ中でA君の表情や言葉に変化が表れ，母親や父親の態度にも大

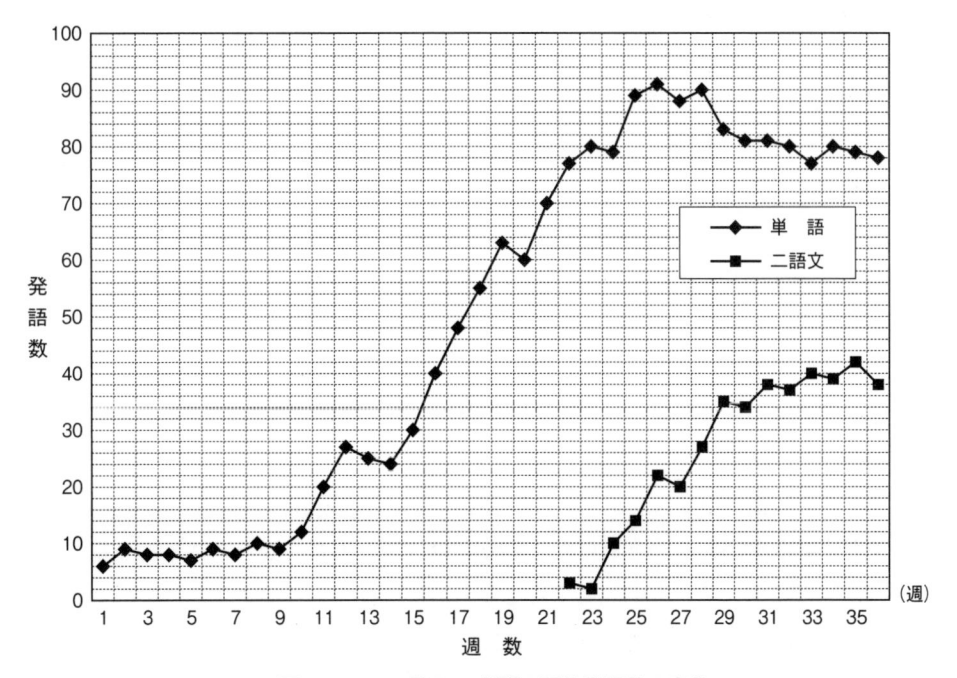

**図6-3　A君の15分間の平均発語数の変化**

きく影響を与えている，というように常に相互作用するものであった。

　家族への援助でも，信頼関係の形成が最優先課題で，それには受容，傾聴が必要とされる。またアドバイスを行う場合には，抽象的ではなく具体的なことが必要とされる。

　また，本事例では，他機関とのスタンスの違いが保育にも影響している。入所当時は，保健所による言葉かけという指導であったが，それは結果的にはA君の言葉の消失を招く結果となっている。他方，児童相談所も言葉を重視していたが，信頼関係の構築を優先に考えていた。連携に関していえば，保健所と児童相談所のメッセージの違いを園長がうまく調整したといえる。他機関との連携に関しては，日頃から地域にどのような社会資源があるかを把握し，他専門職について理解しておくことも必要である。

　主に言葉への援助を中心に述べたが，ともすれば意欲の低下や問題行動の要因が，障害にのみ，つまり子ども個人に起因されがちである。だが，子どもの意欲や自発性を伸ばすには，環境からの適切な働きかけが重要で，そのような環境づくりを行うことが必要である。

## ２．遊戯療法

### （１）　障害のある子どもに対する遊戯療法

　遊戯療法は，もともとフロイト(Freud)の精神分析を子どもに応用するために考えられた。子どもは成人に比べ言語を十分に獲得していないため，言語の代わりに遊びを媒介として子どもの内面世界を探ろうとしたのである。その後，遊戯療法は，来談者中心療法や行動療法など，各時代に隆盛した心理学の理論を背景に変遷してきたが，その中でも，アクスライン(Axline)がその著書「Play Therapy」[6]で掲げた，セラピストが守るべき８つの基本原則[7]が有名であり，セラピストの基本的視点となっている。

　障害のある子どもへの遊戯療法は，精神分析という心理療法を背景に発展してきているため，当初は情緒的な問題を抱える子どもを対象に考えられており，象徴機能を理解できないとして，知的障害児や自閉症児を対象外に考える傾向が強かった。しかし，最近では知的障害児や自閉症児に対する遊戯療法の実践が報告されるようになってきている[8]。それは，遊戯療法の理論が多岐に渡ってきたことで，その対象範囲が広がってきたことや，子どもの遊びが発達上重要な意味をもつことが定説になってきたため，「遊び」つまり「プレイ」が注目されるようになってきたことが考えられる。また，近年では二次障害に対するアプローチ方法としても注目されている。例えば，自閉症の研究が進み，先天性の脳の器質的な一次障害に加え，自閉症という障害を起因とした養育者との愛着関係の未形成からくる二次障害としての関係障害がもたらされていると指摘するものもある[9,10]。

　アクスラインの８原則の中で，ラポートの確立や，子どもの受容，おおらかな気持ちをもってかかわる，子どもに尊敬心をもつといったことなどは，子どもとかかわる基本的な視点である。また，感情の認知と反射，子どもが先導すること，治療はせかさないこと，制限の意義などは，障害のある子ども，特に自閉的な傾向のある子どもとかかわる上で，必要な視点である。自分の感情を言葉で表現し，相手に伝えることが苦手な子どもにとって，感情の認知と反射は非常に大

切なことである。子どもが先導するといった原則は，行動療法などでも意図される自発性を意味するだろう。そして，認知発達に遅れのある子どもに，はっきりとした制限を設けることは非常に大切である。また，プレイルームという限られた場所，ルーティン化された時間や人といった環境設定も自閉的傾向のある子どもには，大切なことである。このような遊戯療法の原則や環境設定などの条件が，認知発達の遅れや自閉的傾向のある子どもへの有効なアプローチ方法になっていると考えられる。

### （2）遊戯療法の実践事例

ここでは，自閉的傾向のあるBちゃんに対する遊戯療法の実践にプロセススケールを用いた事例を取り上げる。遊戯療法の形態は，5ヶ月間週1回ペースで，1時間30分，子ども5名に対してセラピスト2名のグループセラピーの形とする。子どもがプレイルームでセラピーを受けている間，子どもを連れてきた保護者，主に母親には，カウンセラーが1人つき，子どもとは別室で子どものことや自分のことを自由に話してもらった。

#### 1）プロフィール（表6-3）

**表6-3　Bちゃんのプロフィール**

| 名 前 | Bちゃん（女） | 年 齢 | 4歳3ヶ月 | 診断名 | 自閉症（後に診断がつく） |
|---|---|---|---|---|---|
| 他のメンバー | | | 子ども4名，セラピスト2名 | | |
| 主訴 | コミュニケーションが苦手。数字に対するこだわりがあり，パニックを起こすことがある。友達と仲良く遊べない。 | | | | |
| 家族 | 障害児通園施設を希望。 | | | | |
| 子どもの状態像 | 食事 | 好き嫌いが多い。 | | | |
| | 排泄 | 尿意・便意を知らせ，おまるで小便はできる。 | | | |
| | 着脱 | ほぼ自分でできる。 | | | |
| | 清潔 | 服が汚れたり，濡れても気にしない。汚れに対して鈍感である。 | | | |
| | 言語 | 単語，簡単な二語文レベル，「Bちゃんの」，「つ（つむじ）だよ」。 | | | |
| | 対人関係 | 集団の中に入っていけない。また，「つむじ」にこだわりがあり，他児の「つむじ」をさわり，押したり，嗅いだりする。そのことを注意されると，後ろから他児を突き飛ばすことがあり，他児と一緒に遊ぶことができない。 | | | |

#### 2）援助開始直後の評価

① エコマップ（図6-4①）

Bちゃんの母親は，自閉症の会に参加し，積極的に自閉症について勉強しようとしている。Bちゃんはリトミック教室に通っているが，Bちゃんはあまりリトミック教室が好きではないようだ。また，Bちゃんは近所の子どもへ関心はあるものの，うまく近づけず，Bちゃんと他児とのかかわりは希薄である。

② 乳幼児社会性発達のプロセススケール（図6-5）

Bちゃんのレーダーチャートは，右側に偏っておりタイプⅢ「D型」に近いタイプⅡ「未熟型」の形を示している。セルフコントロールはできるが，人への関心が未熟な状態で，集団への参加が難しいとわかる。

③ Bちゃんに対する支援

レーダーチャートから判断して，Bちゃんはまだ「他者とのかかわり」が膨らむ可能性がある。そのため，Bちゃんのレーダーチャートの「他者とのかかわり」の部分を膨らむよう支援することがセラピストの課題になる。Bちゃんの初回の様子から，次の2点を中心にセラピーを進めていくことになった。

◆Bちゃんがお気に入りのおもちゃを他児に触られた嫌な気持ちに沿い，Bちゃんとセラピストの信頼関係を築く

> ●エピソード7
>
> Bちゃんのお気に入りだったおもちゃを他児が触ろうとすると，Bちゃんは他児を突き飛ばし，いらいらしていた。セラピストはBちゃんに「触られるの嫌だよね」「だってBちゃんが使ってるんだもんね」，「触らないで」「私が使ってるんだよ」「嫌だ」などの言葉をかけ，他児が触ろうとすると，Bちゃんの気持ちを代弁し，一緒に守るような行動を繰り返す。

◆Bちゃんのこだわりを媒介にし，Bちゃんと他児とがかかわる接点を見つける

> ●エピソード8
>
> Bちゃんは他児の後頭部を押して「つ，つ，つ」と言う。セラピストは「つむじだね」，「つむじあるなー」，「わたしのもあるかな？」，「Bちゃんのつむじは？」と家では否定されている後頭部への関心を否定せず，逆にそれを媒介にしてかかわった。他児の後頭部を指で押していても，「きれいなつむじだね」や，髪をくくっている子どものつむじを探しているBちゃんに「不思議だね」と他児への関心を後頭部から広げていけるような言葉をかけていく。

3）援助後の評価

① エコマップ（図6-4②）

Bちゃんの母親は，障害児通園施設に抵抗感を抱いていたが，同グループの母親に励まされ利用することに決めた。また自閉症の診断をしてくれるというC病院へ行き診察を受けるが，母親は病院に対してよい印象をもたなかった。Bちゃんは，リトミックが好きではないことを母親に理解してもらえ，リトミック教室をやめるに至った。また，近所の子どもの中に入っていくようになった。図6-4①と②を比べてみると，母親から伸びる円が増えていることがわかる。Bちゃんから伸びるストレスを示す線がなくなっていることもわかる。

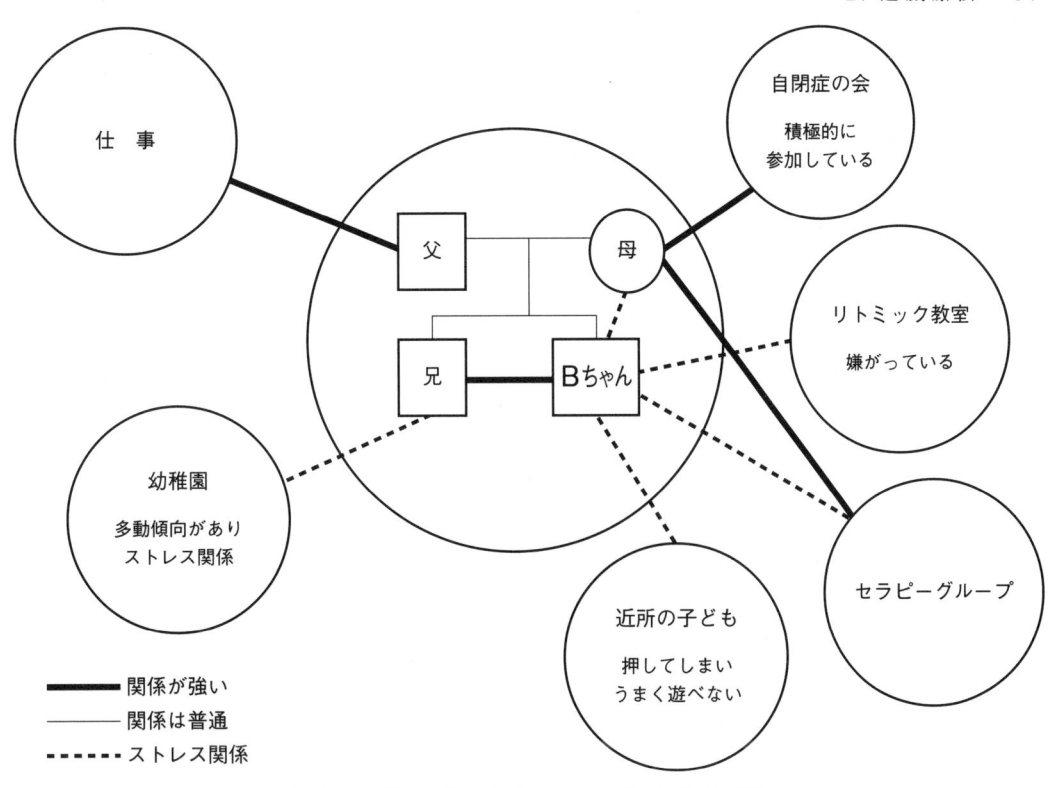

**図6-4①　Bちゃんのエコマップ（セラピー前）**

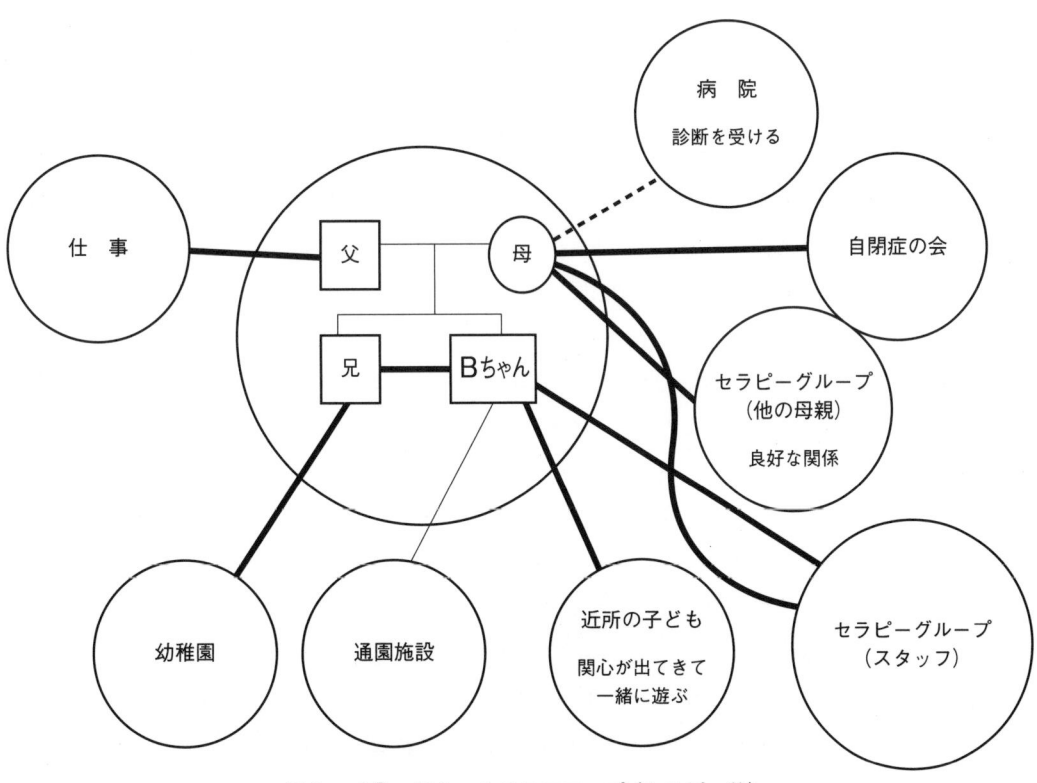

凡例:
― 関係が強い
― 関係は普通
------ ストレス関係

ノード:
- 仕事
- 父
- 母
- 兄
- Bちゃん
- 自閉症の会　積極的に参加している
- リトミック教室　嫌がっている
- 幼稚園　多動傾向がありストレス関係
- 近所の子ども　押してしまいうまく遊べない
- セラピーグループ

**図6-4②　Bちゃんのエコマップ（セラピー後）**

ノード:
- 仕事
- 父
- 母
- 兄
- Bちゃん
- 病院　診断を受ける
- 自閉症の会
- セラピーグループ（他の母親）　良好な関係
- セラピーグループ（スタッフ）
- 幼稚園
- 通園施設
- 近所の子ども　関心が出てきて一緒に遊ぶ

## ② 乳幼児社会性発達のプロスケール（図6-5）

Bちゃんのレーダーチャートは，まだタイプⅢ「D型」を示しているものの，援助前に比べると，F～Jの過程が膨らみ，人への関心が出てきたことがわかる。今後，さらに大きな集団に参加していく中で，タイプⅠ「標準型」に近づくことが期待できる。

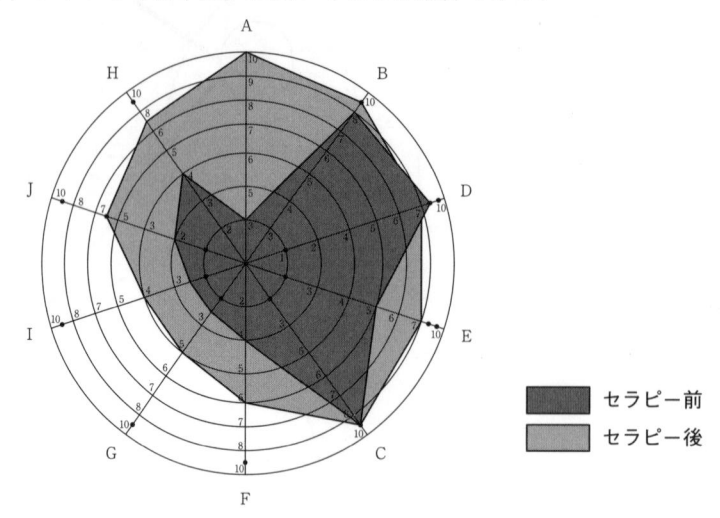

**図6-5　Bちゃんのレーダーチャート（セラピー前後）**

## 4）考　察

Bちゃんは「つむじ」にこだわりがあり，他児の「つむじ」を嗅いだり強く押したりと一方的なかかわり方により他児とコミュニケーションを図ろうとし，それを止められるため，つい他児を突き飛ばしてしまい，敬遠されるという二次的な問題が生じていた。セラピストは「つむじ」を有効なコミュニケーションの媒介として考え，Bちゃんが他児を突き飛ばさなくていい場面をつくっていった。その結果，他児に受け入れられる経験を重ねたBちゃんは，集団に入り遊べるようになっていったと考えられる。

また，当初お気に入りのおもちゃを他児に触られるのを嫌がりセラピストに他児の手の届かない所へ置くよう要求したり，他児を後ろから押したりして触らせないようにしていた。これは，Bちゃんが認知面での遅れがあるため，貸し借りのルールを理解しておらず，また自分の気持ちを言葉にして伝えることが苦手なため，自分の遊びたいときにそれを手にすることができないという不安があったからだと考えられる。セラピストはBちゃんの「触られたくない」という気持ちを受け入れ，Bちゃんの気持ちを一貫して代弁し続けた。この一貫した対応は，Bちゃんに安心感を与え，また言葉で伝えれば自分の使いたいときにおもちゃを手にできるというルールの理解につながった。その結果，自分の使っていないときには他児が使うのを許すことができるようになったと考えられる。

上述したBちゃんの変化は，プロセススケールの広がりにも表れており，Bちゃんの変化がセラピストの思い込みによるものではないことがわかる。このような実践は，ともすれば援助者の思い込みで，「変わった」「よくなった」「成長した」と評価することがある。

近年は，実践を科学的に評価し，効果的な実践を選択し，提供しようとする「根拠に基づく実践（evidence-based practice, EBP）」が，医療や看護の分野だけでなく，ソーシャルワーク，精神保健，保育，心理学などさまざまな分野で試みられている。今後，乳幼児社会性発達のプロセススケールが子どもへの実践をふりかえり，評価する指標に用いられることを期待する。

※なお，ここで登場する事例は，プライバシーに配慮し，筆者のこれまでの経験をもとにいくつかの事例を組み合わせ，修正あるいは再構成したものである。

【注および引用文献】
1) 行動分析学・応用行動分析の入門書としては次の文献がある。なお，第1節の記述もこれらの文献を参考にしている。①杉山尚子（2005）『行動分析学入門』集英社，②島宗理（2000）『パフォーマンス・マネジメント―問題解決のための行動分析学』米田出版，③大河内浩人・武藤崇編著（2007）『行動分析』ミネルヴァ書房，④ Alberto, P. A. & Troutman, A. C. (1999), *Applied Behavior Analysis for Teachers (5th ed.)*, Bell & Howell Company.（= 2004, 佐久間徹・谷晋二監訳『はじめての応用行動分析（日本語版第2版）』二瓶社）
2) 久野能弘・桑田繁（1988）「フリー・オペラント技法による自閉症児の言語形成（その2）」上里一郎編『心身障害児の行動療育』同朋社，p.95
3) この表は，大阪府，八尾市，神戸市で行われている「障害児保育ゼミナール」で事例報告資料として用いられている記録様式を簡略化したものである。詳細は，待井和江・安藤忠・野澤正子・川原佐公・泉千勢（1995）『障害児保育の発展のために―障害児保育ゼミ10年から学ぶもの―』大阪府社会福祉協議会を参照のこと。
4) 佐久間徹（1994）「発達と言葉と行動理論」高井俊夫編『ダウン症の早期教育―ワシントン大学法導入10年目のまとめ』二瓶社，p.64
5) 4）前掲書に同じ
6) Axline, V. M. (1947) *Play Therapy*, Boston : Houghton Mifflin（= 1972, 小林治夫訳『遊戯療法』岩崎学術出版社）
7) アクスラインの8原則とは，①ラポートの確立，②子どもを完全に受け入れること，③おおらかな気持ちをつくりあげること，④感情の認知と反射，⑤子どもに尊敬心をもちつづけること，⑥子どもが先導すること，⑦治療はせかさないこと，⑧制限の意義，である。
8) 山崎晃資（1998）「発達障害の概念と精神療法的アプローチ」山崎晃資編『発達障害児の精神療法』金剛出版，pp.19-39
9) 荒木穂積（2000）「発達論的アプローチの新たな可能性をめざして」『障害者問題研究』28（3），pp.2-3
10) 茂木俊彦（2000）「障害児の心理学的治療・訓練と教育指導」『障害者問題研究』28（3），pp.200-220

【参考文献】
・安藤忠・安原佳子（1995）「障害を持つ子どもの保育内容」待井和江・野澤止子・川原佐公編『保育内容論』東京書籍，pp.119-137
・Singer, D. G. & Singer, J. L. (1990) *The House of Make-Believe Play and The Developing Imagination*, Cambridge : Harvard Press.（= 1997, 高橋たまき・無藤隆・戸田須恵子・新谷和子訳『遊びがひらく想像力―創造的人間への道筋』新曜社）
・藤原義博監修，平澤紀子・山根正夫・北九州保育士会編著（2005）『保育士のための気になる行動から読み解く子ども支援ガイド』学苑社
・服巻繁・島宗理（2005）『対人支援の行動分析学―看護・福祉職をめざす人のABA入門』ふくろう出版
・小林隆児（1999）「関係障害臨床からみた自閉症理解と治療」『発達』20（78），pp.22-35

・小林隆児（2000）『自閉症の関係障害臨床―母と子のあいだを治療する』ミネルヴァ書房
・小松貴弘（1999）「A・フロイトからウィニコットまで―精神分析における遊戯療法」『現代のエスプリ』至文社，pp.26-36
・佐藤修策・山下勲編（1978）『講座心理療法2　遊戯療法』福村出版
・杉山登志郎（2001）「自閉症児療育の新たな課題」『発達』22（85），pp.2-10
・高野清純・杉原一昭編（1985）『新しい遊戯療法―セラプレイ』日本文化科学社
・山崎晃資編（1995）『プレイセラピィ』金剛出版
・山崎晃資編（1998）『発達障害児への精神療法』金剛出版，pp.96-115

# 第7章 現代保育における課題

## 1. 保育士の国家資格化と保育内容の課題——ますます重要になる保育所における教育機能

　就学前の教育・保育に対する社会のニーズの多様化や，少子化に対応する利用者の新たな選択肢として，2005年，全国35ヵ所において，保育機能・教育機能を総合させた施設が試行され，その実施結果の調査もされた。その後，2006年6月の国会で「就学前の子どもに関する教育，保育等の総合的な提供の推進に関する法律」が可決成立した。この新法案によると，総合施設と称していたものが「認定こども園」となった。その目的として「この法律は，我が国における急速な少子化の進行並びに家庭及び地域を取り巻く環境の変化に伴い，小学校就学前の子どもの教育及び保育に対する需要が多様なものとなっていることにかんがみ，地域における創意工夫を生かしつつ，幼稚園及び保育所等における小学校就学前の子どもに対する教育及び保育並びに保護者に対する子育て支援の総合的な提供を推進するための措置を講じ，もって地域において子どもが健やかに育成される環境の整備に資すること」とされている。具体的な条項を読むと，教育，保育等を総合的に提供する施設の認定には，施設の類型があるが，幼稚園型の場合は，「教育課程に基づく教育」を行う。保育所型の場合は，保育に欠ける子ども以外の満3歳以上の子どもについても「保育し」というように，教育と保育の言葉が使い分けられている。

　1947年に制定された学校教育法では幼稚園の目的に「幼稚園は幼児を保育し」と『保育』という言葉が使われていることは誰もが知っていることである。

　「保育とは保護・教育の略で，外からの保護と，内からの発達を助ける教育を一体と考えるのが幼児期の特徴である」と学校教育法を作成したときに関与された坂元彦太郎氏が述べておられる。『保育』とは，「乳児，幼児を対象として，その生存を保障する『養護』と心身の健全な成長・発達を助長する『教育』が一体となった働きかけ」であって，保育所で行われている保育には，教育機能が欠かせないものとして営まれている。しかるに保育所には教育が含まれず，保育機能のレベルが低いような概念が，社会一般に広まっている傾向がある。逆に幼稚園は，教育という高いレベルの機能が主であって，保育は家庭において行うべきものだという概念が根強くある。しかし，現代のように幼稚園においても延長保育が一般化し，保護者支援の必要な家庭が増加している子育ての社会的背景の中で，幼稚園における養護の視点，『保育』が重要な役割を占める実情を，どう考えているのであろうか。さらに，小学校教育と就学前教育の連続性，後伸びの力が問題になっている今，保育所における『教育』の意味づけも重要な課題であろう。

　幼・保相互乗り入れの進展にあたって，就学前の教育と保育の概念の整理，統合が課題ではな

いかと疑問をもった。このように考えていたとき，「認定こども園」の法律や認定基準に関する国の指針（ガイドライン）案が示された。

ガイドラインの「教育及び保育の内容」の項目を見ると，「いずれの施設においても，幼稚園教育要領と保育所保育指針の目標が達成されるよう教育・保育を提供」する，と訂正されていた。しかし「教育課程と保育計画」の概念には疑問が残った内容であった。

今後，保育界はどんどん変革することが予測されるが，保育に携わる者は社会の動きに注目し，保育の専門性を高めていくことが，ますます重要になるであろう。

## 2．保母資格の創設と社会の変化

児童福祉法が完全施行される直前の1948年3月31日に，児童福祉法施行令が公布されたが，その第13条に「児童福祉施設において，児童の保育に従事する女子を保母といい，……」として，福祉専門職としての保母資格が，初めて規定された。

保母資格創設当初の保母の業務は，家庭や地域で育てられない保育に欠ける子どもを，保育施設で育てることがあった。その後社会の進展とともに核家族化の進行，少子化，近隣関係の希薄化，家庭における育児の孤立化が起こり，地域社会の子育ての機能の崩壊に伴って子どもへの虐待の増加，凶悪少年事件の増加といった社会状況が生み出され，施設よりも家庭や地域社会そのものの子どもの育ちや子育てが課題となってきた。

## 3．保育士の国家資格化と業務内容の変化

このような社会の変化，保母への社会的な期待が背景となり，2001年11月30日に児童福祉法の一部の改正により保母は保育士と名称が変わり，保育士資格は国家資格として法定化され，2003年11月29日から施行されたのである。

法定化された保育士の定義は，児童福祉法第18条の4に「この法律で，保育士とは，第18条の18第1項の登録を受け，保育士の名称を用いて，専門的知識及び技術をもって，児童の保育及び児童の保護者に対する保育に関する指導を行うことを業をする者をいう」と規定されている。保育士資格は，児童福祉法に規定される名称独占資格となった。そして保育指導業務の専門性が問われ，保育に関する専門的な知識，技術を基本的背景としながら行う子どもの保育にとどまらず，家庭における子どもの養育のあり方に関する相談，助言，指導が要請されるようになった。従来の資格との違いは保育士の援助対象を子どもの保護者とし，保護者に対する保育指導をその重要な業務として規定したことである。保護者の養育を応援することによって，結果的に子どもの保育への質を高めていこうとの意図が込められている。

## 4．保育士の自己研鑽の義務化

保育士の法定化により，サービスの利用者を保護する観点から，一定の技能を有している者を国家が証明し，その者のみに特定の使用を認める名称独占の権利を認めた。

権利には必ず義務が伴うが，業務上知り得た情報を漏らさない守秘義務と，「保育士は，保育士

の信用を傷つけるような行為をしてはならない」(児童福祉法第18条の21)という信用失墜行為の禁止が義務づけられている。そして，新しい保育士の業務とされた保育指導業務に関する自己研鑽の努力義務が課せられた。児童福祉法第48条の3第2項に「保育所に勤務する保育士は，乳児，幼児等の保育に関する相談に応じ，及び助言を行うために必要な知識及び技能の修得，維持及び向上に努めなければならない」と自己研鑽を推奨する規定をしている。「研修と自己研鑽による自らの向上」は，保育のプロとして怠ってはならないものである。

## 5．求められる保育指導業務の見直し

1974年に厚生省から出された「障害児保育実施要領」により，保育所における障害児保育が本格的に取り組まれるようになり，健常児だけを対象としていた保育ではわからなかったことが，次第に保育者の意識にのぼってくるようになってきた。

障害のある子どもは，認知の発達の遅れや人間関係の苦手な子どもに代表されるように，園での集団社会生活への適応に問題のある子どもが多いものである。つまり社会性の発達に特別な援助の必要な子どもたちであるといえる。しかし，近年，障害のあるなしにかかわらず，人とのかかわりの基礎となる社会性が乏しい子どもや，気になる子どもが増えてきているという問題が大きな保育課題となってきた。

自分の好きな遊びはひとりで熱中しているが，人の思いや気持ちがわからず(心の理論)，皆と一緒にするごっこ遊びや，共同製作ができない。集団で遊ぶルールや人の指示がわからずすぐにけんかになってしまい，仲間関係がもてないなど，さまざまな問題が起こり，将来を危惧される現状がある。各家庭のきょうだいが少ない，近隣に子どもが少ないなど，子ども集団の中で育つ人間関係の経験が乏しいということも，原因の一つであろうが，母親が意識して社会性を育てていない姿もみられる。

全国保育士養成協議会会長の石井哲夫氏は，「家庭ではできにくい子ども集団の生活体験から，社会性を獲得していくために必要なことをきちんとふまえて，新しい時代に向けた保育を創造していく」必要性をあげ，「集団生活において社会性を学ぶ機会をつくるという子どもの発達援助」を提起されている。そして社会性の発達に関する諸学習として次の事項を示しておられる[1]。

| | | |
|---|---|---|
| 1． | 人命の尊重 | 他人の命を守る，救う経験，その認知的学習 |
| 2． | 他人に迷惑をかけない気配り | 場，状況のわきまえの言動に関する学習 |
| 3． | 利己的衝動の統制 | 衝動的行動の事後認知，抑制認知の段階的学習 |
| 4． | 自分の感情への調整 | 落ち込んだ気持ちの取り直し。興奮の自己抑制 |
| 5． | 反モラルの誘惑・欲望への抑制 | 行く先の現実的状況展開のイメージ形成の学習 |
| 6． | 社会認知の高次化 | 集団内での自己の役割の理解と行為の学習 |
| 7． | 倫理観の形成 | 保育士および友達の倫理観を認知し，意識化する学習 |

これらの項目は，ゴールマン(Goleman)のこころの知性を育てるEQ(こころの知能指数)と共通するものがある[2]。ゴールマンはEQの構成要素として，

1. 情動の自己認識，自分の本当の気持ちを自覚して納得できる決断をする。
2. 感情の制御，衝動の自制，不安や怒りの感情の制御。
3. 自己の動機づけ，自分自身を励ます能力，挫折したときにくじけない心。
4. 他人の感情を認識する。共感関係がもてる。
5. 人間関係を上手に処理する。集団の中で調和を保ち協力しあう社会的能力。

をあげ，これらを「社会の中で自己実現できる適応力」として評価している。つまり，保育指導業務として，社会性の育成が大切な課題であるという立証である。

## 6．保育所での具体的な指導の事例
### (1) 社会性の発達の第一段階

　0歳児は，保育所での集団生活の10月を迎える頃になると，保育所の環境にも慣れ，歩行が自由になるとともに，興味のあるものに積極的にかかわり，さまざまな探索操作を始める。体や手や認知の発達にとって大切な時期ではあるが，まだまだ自分本位でトラブルを起こしたり，危険な行動をとったり目が離せない時期でもある。

　友達の持っているおもちゃが欲しくて，突然奪ってしまったり，突き飛ばしたり，かみついたり，ルール違反を起こすが，乳児・低年齢幼児には人間関係上，悪いことをしている意識は全くない。このような子どもの衝動的行為に対し，保育者は咄嗟に「ダメ」とか「あぶない」とか言って，してはいけない行為をやめさせ，「このおもちゃ欲しかったのね。でもこれはAちゃんがつかっているのよ。取ってはだめ」と言い聞かせる。子どもは，自分の思うとおりにストレートに行動したことの後に起こる反応によって，その行為を意識し，止めた人を意識していくようになる。そしてこれは危ないことだ，これはしてはいけないことだ，ということを知る経験を繰り返すことによって，自分の欲望を抑制することを学んでいくのである。これは，人を介してしか学ぶことができない，社会性の発達にとって大切なけじめの学習の第一歩になるものである。

　それが欲しいという気持ちが強ければ強いほど，横取りする行為を阻止されたことが，強い印象になって，ではどうすれば手に入るのか，その方法を獲得しようとする。「貸して」「ちょうだいというのよ」と教えられ，その通りにして，欲しいものが得られた，という嬉しい経験を繰り返すことによって，社会的な人間関係の初期のルールを身につけていくのである。また暴力よりも言葉が有効な手段であることも少しずつ知ることになる。

　この時期に人とのかかわりの意識が高まらないと，言葉の発達も遅れていくのである。0歳児といえども，して良いことと，悪いことを，しっかり教えていくことが社会性の教育の第一歩である。

　本書の第1章にも記されているように，子どもの社会性とは，「人とのかかわりの中で，自己主張や自分を表現しつつ，自分らしく生きることを体験しながら自己形成していく側面を，個人が存在する社会の中にあるルールや，自己の振る舞い方を人から学びつつ，人とのかかわりの基本を身につけていく力」のことである。

　この子どもの社会性の発達は，現代社会における子育ての大きな課題であり，保育士の専門性

にかかわる業務内容に意味づけられる。

　障害のある子どもを共に包み込んだ保育を目指すには，健常な子どもの健全な社会性の育ちを保育課題とし，意識的，計画的に保育内容に取り組んでいく必要がある。

　本研究の「乳幼児社会性発達のプロセススケール」は，保育所における健常な子どものみならず，障害のある子どもにも発達評価の指標として取り入れるべきではないかと考えた。私たちは保育者の専門性を高める自己研鑽の一つとして，子どもの社会性の発達段階の把握の研究的態度，記録の取り方の研究，子どもや保護者への支援の分析・考察がさらに深化することを期待してこの一連の研究に取り組んできたのである。

（2）　研究事例の紹介にあたって

　次に紹介する研究事例は，現代の保育課題である「子どもの社会性の育ち」，具体的には「仲間関係の構築」を目指して，健常な子ども集団の普通の保育所の子どもをA君を対象に，川原の指導下で実践研究に取り組んだ事例である。

　社会性の発達の評価基準として，本書で著している「乳幼児社会性発達のプロセススケール」を用いて記録しつつ，レーダーチャートを作成して，社会性の発達の経過を確認していった研究である。社会性の発達，仲間関係の構築を意識して，2005年9月より保育していった結果，その成果は歴然とレーダーチャート上に表れ，第4回2007年1月には全面発達と思われるほど，人格のバランスのとれた，円満な様相を示したのである。

　この事例に取り上げたA君6歳児は，いわゆる障害のある子どもではないが，友達との協調性に乏しく，普段の保育所の生活の中で，常にトラブルメーカーであり，「気になる子ども」という特別に配慮を要する対象の子どもであった。

　しかし保育所全体の保育士が，全年齢の子どもを見据えて，発達を踏まえた環境づくりをし，子どもの主体的な遊びを尊重して，研究視点での援助をするという研究方法を徹底した結果，「気になる子ども」も包み込んで，社会性の伸びを立証したのである。

　この研究は，2007年3月のW市の研究大会で発表したが，保育所における子どもの社会性の発達を，数値で表し評価のできる「乳幼児社会性発達のプロセススケール」に多大な関心がもたれ，フロアからの注目も集まった。

　このプロセススケールを用いた研究の意義が認められたのは，従来，子どもの発達や，保育評価は数量化できない，数値化してはいけないと考えられる風評や傾向があったが，保育課題の多い現代の保育には，多面的な評価も「保育の質」を高める方法として不可欠であると，多くの保育士により意味づけられたのではないかと考える。

（3）　研究事例

研究テーマ　　「環境とかかわりながら主体的に遊び，仲間関係の構築をめざす」
　　　　　　　～発達を踏まえた環境づくりと，主体的な遊びを通して～
　　　　　　　　　　　　　　　　　　　　　　　　　　W県T市との共同研究

◎目　的
　○子どもの発達にみあった環境とかかわり，主体的に遊ぶことにより，年齢段階の仲間関係を築き，ソーシャルスキルをもった子どもに育てることを目指す。
　○特に社会性の育ちに問題のある子どもについて，プロセススケールで記録をとって，成長過程を確認・評価する。
◎研究方法
　○仲間関係の育ちの年間計画を作成する（各年齢，4歳児は表7－1に例示）。
　○保育実践記録を取る。
　○実践記録をもとに，各年齢別に，主体的に遊べているか，仲間関係が築けているかを分析し，考察する。
　○保育者の援助のあり方を分析・評価する。
◎子どもの姿と研究への取り組み
　当研究対象となった保育所の子どもたちは，気が優しく，人懐っこく，素直な面がみられるが，反面，自己中心的でわがままなところもあり，人任せにして自立心がなく，何事もできないとすぐに諦めてしまうなど意欲が乏しく，遊びが長続きしなかったり，保育者が常にかかわっていないとルールが守れないなどの姿がある。子ども同士の関係では，リーダーシップを発揮できないのに，どんなときにでも一番になりたがったり，気になる面がみられる子どもがいる。
　そこで，社会性の発達をみるために，「乳幼児社会性発達のプロセススケール」を用いて第1回目では，2005年9月に調査し，レーダーチャートを作成して，一人ひとり考察した。

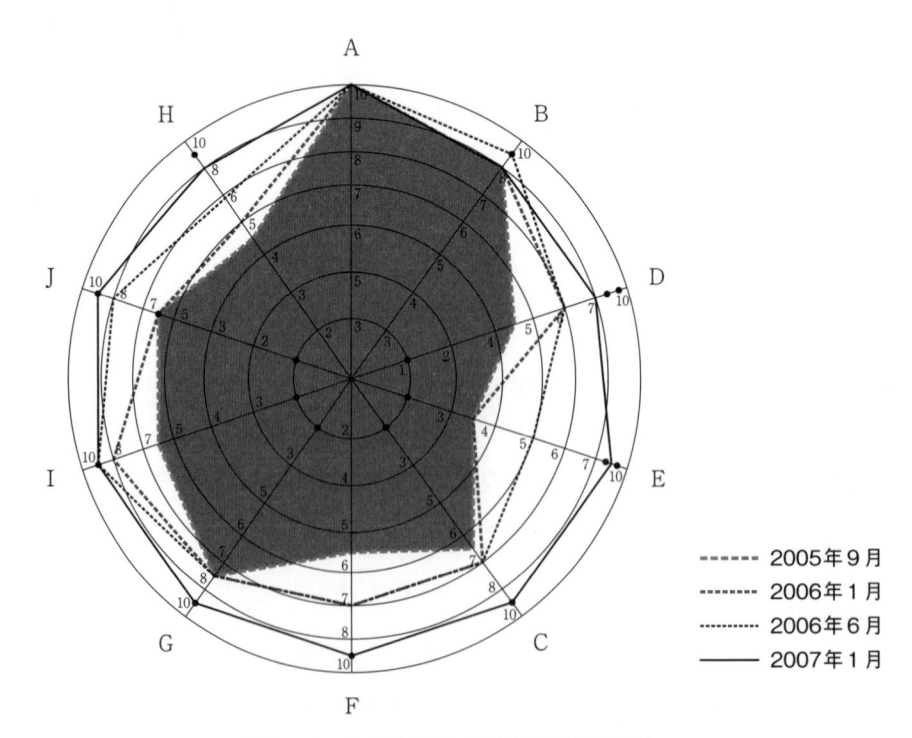

図7－1　A君（6歳）の社会性発達の変化

その結果，制限が理解されていく過程，自己制御ができていく過程が低いことがわかった。

保育実践をしつつ，第2回目は2006年1月，第3回目は2006年6月，第4回目は2007年1月に調査をし，レーダーチャートにまとめた（図7－1）。

項目Gの「集団に適応していく過程」，項目Iの「他者との関係が深まる過程」などが最高に伸びるとともに，一番問題であった項目Eの「自己制御ができていく過程」では，「適切な自己制御をしながら自分の目標を実現できる」まで成長している姿が浮かび上がってきた。

### （4） 実践研究から考察する保育者の援助のまとめ

現在保育所内においても，自分の感情をコントロールできず，すぐ切れる子どもが増えてきて，それがさまざまな保育課題として広がっている。それは相手を理解し，自分の思いや感情を適切に相手に伝え，対人関係を良好にしていく技術であるソーシャルスキルが育っていないところに原因があるのではないかと考えられる。従来の保育者主導型で進める保育方法では，子どもたちが自分で考えたり，工夫したりして進めることが必要とされず，指示待ちの子どもたちの間では，トラブルの発生が少なく，ソーシャルスキルの育つ機会が乏しかったといえる。環境による保育方法を取り入れると，主体的に環境にかかわり遊ぶ子ども同士には，自己主張によるトラブルが起こる機会が多くなるが，そのトラブルを通して，相手の思いを理解したり，共感したり，思いやりの気持ちを獲得し，仲間関係が構築される貴重な過程となっていく成長の姿が見られた。

今回の実践研究では，社会性を育てるための保育者の援助のあり方を分析・考察することを大きな視点とし，年齢ごとにポイントをまとめることにした。

本書の第4章では，レベルごとの具体的な援助・支援が記されているが，ここでは全般的な保育者のかかわりが中心である。

〈3歳児〉

生活面の自立を進め，自己価値意識を育てることが大きな社会性の基本となる。

3歳の発達要求に合わせた空間，時間，遊び環境，遊び用具を十分用意し，自分で選んだ遊びの様子を見守りながら，物の取り合いにならないように適切に補充していくことで，一人ひとりが満足して遊んでいた。友達と遊びを共有したり，楽しさを共感することができた。また，危険やトラブルがない限り見守る援助を行ったことにより，共有・共感のソーシャルスキルにつながったのではないかと評価できる。

〈4歳児〉

保育者が子どもに主導権をゆだねることで，子どもたちは意欲が出て主体的に遊びを進めていった。その遊びに対する，そのときどきにリーダーとなる子どもが現れ，話し合ったり，協力したりしながら遊びが発展していくようになってきた。特に経験のないことに対して，子どもに遊びの主導権をゆだねると，子どもが集まり話し合いを始め，一緒になって遊びだすようになってきた。技術を要する運動や表現などの場合は，方法や技術のヒントを与えたりしていくことにより，子どもが主体的に遊び，共同で活動できるようになってきた。4歳児は仲間意識が強くなる

表7−1　仲間関係育ちの年間計画（4歳児）

テーマ「環境とかかわりながら主体的に遊び，仲間関係の構築を目指す」

| | 4・5月 | 6・7・8月 |
|---|---|---|
| 子どもの発達の姿と期のねらい | ○新しい環境の中で，気の合う友達や保育者とかかわりながら好きな遊びをする姿がみられる。<br>◎自分のしたい遊びをみつけ，保育者や友達と親しんで遊ぶ。 | ○開放的な遊びを通して，ダイナミックな活動が多くなり，友達とのかかわりが積極的になる反面，自分のしたいことや気持ちがうまく友達に伝わらず，トラブルが起こることもある。<br>◎友達や異年齢の友達とかかわりながら，夏ならではの遊びを楽しむ。 |
| 遊びをひき出す環境づくり<br>⎧自然環境<br>⎪物的環境<br>⎨人的環境<br>⎪時間・空間<br>⎩雰囲気 | ○砂場を清潔・安全に保てるように十分に整備しておく。<br>○プランターや畑の作物の手入れをし，美しくする。<br>○砂場用の玩具を十分に用意する。<br>○室内のコーナーを，お互いの遊びが邪魔しないように配置する。<br>○保育者が各コーナーで遊んでみせる。<br>○季節の歌を，ピアノを弾きながらうたう。<br>○音楽を流し，体操やダンスを踊ってみせる。<br>○室内外の環境を明るく清潔に整え，くつろげる雰囲気にする。 | ○砂場の上や園庭の一部分に日よけを作り，直射日光を防ぐ。<br>○ジャガイモ畑の野草をひき，子どもたちの目につきやすいようにする（ジャガイモ掘り）。<br>○シャワーやスプリンクラー・水鉄砲・ジョウロ等の玩具を十分に用意し，水と触れ合うようにする。<br>○絵の具を用意し，自由に色水遊びができるようにする。<br>○保育者がシャボン玉遊びをして遊んでみせる。<br>○園庭にパラソルや木陰を利用して風通しがよく，ゆったりとお茶を飲める場所づくりをする。<br>○図鑑を子どもが自由に見られる場所に用意し，開放的な雰囲気にする。 |
| 予想される活動 | ○砂や土で遊ぶ<br>○つもり遊びをする　　○ごっこ遊びをする<br>○散歩をする　　　　○わらべ歌で遊ぶ<br>○体操やダンスをする | ○砂や土で遊ぶ　　　　○散歩をする<br>○水で遊ぶ　　　　　○体操・ダンスをする<br>○わらべ歌で遊ぶ<br>○絵の具で遊ぶ　　　○ごっこ遊びをする |
| 異年齢児交流<br>（●は援助） | ○異年齢児の友達に親しみをもち，好きな遊びを一緒にする。<br>●保育者も一緒に遊びながら，かかわって遊ぶことの楽しさを知らせていく。<br>（体操・フォークダンス・砂場遊び・わらべ歌） | ○年上の友達のまねをしたり，年下の友達の相手になって遊ぼうとしたりする。<br>●年上の友達の遊びを一緒に見たり，保育者も加わったりしてきっかけをつくっていく。<br>（体操・フォークダンス・盆踊り・水遊び・プール遊び・わらべ歌） |
| 保育者の援助 | ●砂場での遊びを共有し，友達とかかわりながら遊ぶ楽しさを伝えていく。<br>●チューリップ等春の自然に関係する歌やリズミカルな動きを子どもたちと一緒にする中で自然を身近なものとして意識づけていく。<br>●新入児には保育者が橋渡しとなって，かかわることの楽しさを知らせていく。 | ●ジャガイモの成長に関心をもった子どもと一緒に図鑑と比べたりしながら，植物の成長の不思議さを知らせていく。<br>●水遊びの楽しさがプール遊びへと発展するように夏ならではのいろいろな遊びを共有する。<br>●遊具を独占したり，他の子どもの遊びを邪魔したりするときには，まず，その子どもの気持ちを受け止めてから，相手の気持ちに気づくことができるように伝えていく。 |

サブテーマ「発達を踏まえた環境づくりと，主体的な遊びを通して」

| 9・10・11・12月 | 1・2・3月 |
|---|---|
| ○ルールのある遊びや，共同で取り組む活動ができるようになり，異年齢の友達とかかわったり，一緒に遊んだりしながら少しずつ友達の思いを受け入れようとする姿がみられる。<br>◎友達と思いを伝え合いながら共通の目的をもって活動したり，競い合ったりして遊ぶことを楽しむ。 | ○友達と一緒に遊びに取り組む中で，自分の考えを話したり，行動したりして仲間意識がみられる。<br>◎友達とのつながりを深め，自分の力を発揮したり，友達を認めたりして集団で活動することを楽しむ。 |
| ○日陰と日当たりのよい場所の2ヶ所に玩具を移動し，それぞれの場所に合った環境づくりをする。<br>○チューリップの球根を人数分用意する。<br>○玉ねぎの苗を人数分用意する。<br>○サーキット遊びができるように巧技台を並べておく。<br>○保育者がサーキット遊びをしてみせる。<br>○楽しめるように，子どものよく知っている絵本を用意し，自由に見られる空間をつくる。<br>○役決めをして劇遊びができるように，劇遊びに必要なクラウンや衣装を用意し，ワンコーナーとして配置し，劇をする雰囲気をつくる。 | ○日当たりのよい場所に玩具を移動し，風よけをしたりして遊ぶ場所を確保する。<br>○チューリップの球根や玉ねぎの成長を見ながら，園庭に季節が感じられるようにする。<br>○長縄とびの縄を何種類か用意しておく。<br>○カラーリングや四角のコーンを園庭においたり，ボール遊びができるように，やわらかいボールやライン引きを用意しておく。<br>○戸外でころがしドッヂボールやドッヂボールを保育者と一緒にして楽しさを伝える。<br>○楽器コーナーをつくり，保育者が遊んでみせる。 |
| ○砂や土で遊ぶ　　○自然物（木の実・葉等）で遊ぶ<br>○散歩をする　　　○体操・ダンスをする<br>○楽器で遊ぶ　　　○わらべ歌で遊ぶ<br>○劇遊びをする　　○ごっこ遊びをする | ○散歩をする　　　○ごっこ遊びをする<br>○縄とびをする　　○体操・ダンスをする<br>○わらべ歌で遊ぶ　○ボールで遊ぶ<br>○楽器で遊ぶ |
| ○異年齢児の友達のしていることに興味をもち，仲間に入って遊ぶ。<br>●保育者が仲立ちとなり，一緒に遊びの中に入り，異年齢同士がかかわりやすい雰囲気をつくり交流の場面を増やしていく。<br>（体操・フォークダンス・わらべ歌・かけっこ（リレー）・散歩・コーナー遊び） | ○年下の友達に親しみをもち遊びに誘ったり，年上の友達に憧れを抱いて遊びに入れてもらったりする。<br>●年上の友達との遊びの中でルールの理解ができないところは，保育者が一緒に遊んで知らせていく。<br>（体操・フォークダンス・わらべ歌・散歩・コーナー遊び） |
| ●巧技台で遊ぶときのルールを子どもたちと一緒に話し合い，危険のないようにする（約束事を決めておくようにする）。<br>●遊びに参加できない子どもには，保育者が一緒に遊びを共有していく中で，友達と遊ぶ楽しさを伝えていく。<br>●劇遊びでの役決めは，同じ子どもばかりが主張しないように保育者の話し合いの中で流れを見ていき，自分の思いを口にできない子どもの話を聞いていく。 | ●寒い日には少しからだをあたためるためにかけっこをしたり，体操をしたりしてからだを動かす意欲を高めるようにする。<br>●ルールのある遊びは，子どもたちと何度も話をすることで理解を促し，遊び方がわからず困っている子どもには具体的に伝えていく。<br>●楽器を使っての合奏では，保育者も一緒に遊ぶことでいろいろなリズム遊びの楽しさを伝えていく。 |

### 表7－2 ソーシャルスキルの育つ条件の分析と評価（5歳児）

| 遊びの内容 | 現れたソーシャルスキル | 環　境 | 保育者の援助 | 考　察 |
|---|---|---|---|---|
| リレーごっこ | ・ルールを理解し，イメージをはっきりもって行動し，主体性や積極性が現れた。 | ・運動会のリレーごっこが再現できる環境を整えたり，雰囲気づくりをした。<br><br>　・トラックを描いておく<br>　・競技用の曲を流す<br>　・リレーのバトン（赤・青・黄）<br>　・リレーのはちまき（赤・青・黄）<br>　・アンカーたすき（赤・青・黄）<br>　・笛<br>　・ゴールテープを用意しておく | ・リレーごっこを楽しむ本来のイメージを思い起こす言葉がけをした。<br><br>・子どもの要望に応じて，ライン引きを用意した。 | ・運動会という直接体験を通して得たリレーごっこに対するイメージ・ルール・知識の習得が自信となり，運動会を再現できる場を整えた。リレーごっこを楽しむ本来のイメージを思い起こす保育者の言葉がけをきっかけに，子どもが主体的にトラックなどのライン引きをした。リレーのイメージを明確にし，主体的・積極的に遊ぶことにつながったと思われる。 |
| | ・イメージをはっきりもって，それぞれの役割活動内容を把握し，その範囲内で責任を果たしたり，遊びを共有することができた。 | | ・役割を認め，知らせる言葉がけをした。 | ・運動会という直接体験を再現できる環境を整えたことが「リレーごっこ」のイメージを再び思い起こした。そのことが，笛をふく，ゴールテープを用意するなどの役割の必要性に結びついた。そのことを認め知らせる言葉がけをしたことにより，笛をふく係も，ゴールテープを持つ係も同じ遊びを楽しんでいるという意識で遊びを共有できたと思われる。 |
| | ・リレーごっこを楽しむ中で，困っていたり，わがままを言う年下の子に対して思いやりの心をもって，やさしく接することができたり，トラブルも自分たちで積極的に解決することができた。 | | ・年下の子が困っている姿を伝えたり，トラブルを意識させる言葉がけをすることで，自分たちで考え，判断するようにした。 | ・運動会という直接体験を通して得た，「リレーごっこ」に対する共通のイメージとルールの理解が遊びをスムーズに展開する運びとなった。そのことが心の安定につながり，年下の子が困っている姿を伝えたり，トラブルを意識させる言葉がけをしたことが，年下の子に対する思いやりなどのやさしい気持ちとなって表れた。そして，トラブルを自分たちで解決しようとしている積極的な態度につながったのではないかと思われる。 |
| | ・バトンタッチのルールを理解し，友達と伝え合い，守って遊べた。 | | | ・運動会という直接体験を通して得たリレーごっこに対する共通のイメージとルールの理解が自信となり，積極的に伝える行動となって現れ，ルールを守って遊べることにつながったと思われる。 |
| | ・リレーごっこに対して，協調性をもって取り組むことにより，一つの競技としてまとまりをみせた。 | | | ・運動会という直接体験を通して，それぞれの得たリレーに対する共通のイメージ・知識・ルールが2人のリーダーのもと，その行動を認め，信頼関係へとつながったことが協調性を発揮し，クラスをまとめることにつながった。 |

時期なので，グループ活動などを課題とした。

〈5歳児〉

直接体験を再現できる環境を整えることにより，直接体験を通して得た共通のイメージや共通のルールを守りながら遊ぶことができた。トラブルが起こった場合は，ルールに気づかせるような言葉かけをすることによって，自分たちでルールを作り，ルールを意識して遊べるようになった。遊びを見通して環境を整え，直接遊びに入っていない子どもの気づきを取り上げ，認めたり，支持する援助により，同じ遊びを楽しんでいるという意識で，遊びを共有することができる。

5歳児は，生活の見通しをもって，自主的に生活を組織し，生きる力を育てることを課題として，ソーシャルスキルを育てていった。

〈異年齢集団〉

社会性の育ちのために，3歳児，4歳児，5歳児の異年齢交流の機会を意識的に取り入れ，多くの活動をしたが，適切な言葉を添えていない姿がよく見られた。そのようなとき，保育者がモデルとなって，年少者にかかわる姿をそのつど見せることにより，年長の子どもたちも保育者をまねて丁寧に，具体的な言葉をかけるようになった。

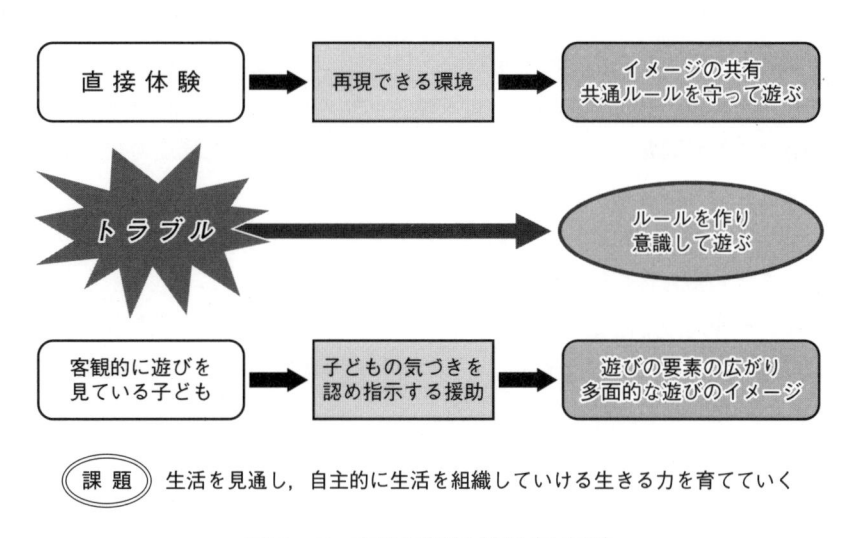

図7-2 実践の評価と課題（5歳児）

【引用文献】
1）石井哲夫（2007）「社会性保育という課題の提示」全国保育士会『未来へのとびら 全国保育士会50周年を迎えて』，p.21
2）Goleman, D. (1996) *Emotional Intelligence*, Bantam Dell Pub Group.（= 1996, 土屋京子訳『EQ こころの知能指数』講談社，pp.74-75）

# おわりに

　本研究で作成した「乳幼児社会性発達のプロセススケール」は，第2章でも述べたように「ポニーの学校」で用いられた治療プロセススケールが基になっている。このオリジナルスケールは，知的障害をもつ幼児の集団治療訓練場面で見られるメンバーの変容過程を把握するために，40年近く前に作られたものである。

　「ポニーの学校」とは，大阪府が1965年より開始した在宅知的障害幼児への母子通所訓練事業の名前である。子どもにとっては，はじめての集団経験の場であり，母親にとっても不安や葛藤をじっくり聞いてもらえる唯一の居場所だった。当時はまだ「障害」に対する世の中の理解は乏しく，「家の恥」といわれて子どもを隠したり，「一緒に遊ぶと感染する」との言葉に傷つく親も多かった。子どもが通える施設は大阪府下には2ヶ所しかなく，就学年齢に達しても，中重度の子どもは就学猶予でやはりどこにも行けない状況にあった。母子はストレスをかかえたまま密室で生活する中で，関係がこじれ問題行動が生まれるケースも見られた。また軽度の知的障害や自閉症の子どもは発見が遅れ，診断は就学前になる。それまでの間，親は「しつけができていない」や「愛情不足」とか言われ，自分を責めたり，時には子どもへの暴力になり，そしてまた落ち込む母親もいた。

　1クールは週1回4ヶ月という短い期間であったが，親も子もありのままを真正面に受け止められ，時には集団のルールや障害の特性などを学ぶ体験は，親子それぞれのエンパワーメントに有効であった。

　当時としては画期的だったこの事業は，現在も継続して続けられている。通園施設がすべての町に用意された今も，「ポニーの学校」を必要とする母子がいる。このことは，50年前の社会的環境は障害をもつ子どもにとって生きにくく育ちにくいものであったが，現代はすべての子どもにとって大変な状況にあることを物語っているように思える。1956年より大阪府の児童相談所で知的障害幼児の相談を担当し，「ポニーの学校」開所当初よりかかわってきた筆者にとって，昨今の親子の置かれている状況は，40年前の障害児とその母親のストレス状況を見る思いがしている。現代は人類がかつて経験したことのない環境の中で子育てが行われ，その歪みが弱いところに噴出し，親子の間にいろいろな形の亀裂を生じさせているのではないか。

　子どもの育ちや育児のやり方を見たこともないまま，親になることも少なくない。昨今は携帯メールに夢中で横にいる子どもへの配慮に思い至らない親をよく見かける。子どもはといえば，町中に安全に遊べる場所はなく，塾通いで遊ぶ時間もなく，ゲームさえあれば友達はなくてもよい有り様。たった半世紀の間に，高度な群れ生活

をする哺乳動物として進化してきた人類の歴史が急激に変化した。

2年ほど前，元動物園長の中川志郎氏の小論文「動物に見る子育ての原点」(『エデュ・ケア21』, 2005) を読んで，人間も例外ではないと考えさせられた。中川氏は人工環境下で生きる動物園動物の適応の限界を指摘している。人工保育下のサルやチンパンジーは，成長曲線，生育率とも自然保育を上まわるが，群れ集団にはなじめず，性成熟を迎える段階になっても解消されない。性欲はあるのにペアを組むことができず，相手を噛みつくなどして，性的興奮を放散するケースも少なくない。動物園で出産するメスザルの中には，生まれた赤ちゃんを見て恐怖の叫び声をあげたり，子どもを壁に投げつけたりすることもある。これらの失敗から動物園では試行錯誤を重ね，社会性を育てる方法として，次のようなことを行っているという。

① 生後2ヶ月は必ず母ザルと共に過ごさせる。
② その後3ヶ月は，他の同年齢の小猿と過ごさせる。
③ その後3年間は，異年齢ザル6頭と過ごさせる。

「動物たちは，生まれ落ちたその瞬間から種類特有の形態と生理をもっているが，社会生活を営むためには，その「種類」に特有な他個体との「関係学」を習得する必要がある。動物たちは何千万年という長い進化の歴史の中で種類としての形態を獲得してきた。他の個体との交流方法，群れ社会の中で守らなければならない種類としてのルールなど社会的行動もまた，長い進化の過程を経て定着してきたものだからである」と述べている。

ロンドン動物園の哺乳類部長の経験をもつイギリスの作家デスモンド・モリスは，人間は自らの意思で都市という動物園に入った「特殊な動物」と，著書『人間動物園』の中に書いているそうだが，現代はその上にITネットというオリに囲まれて生活しているのではないか。もう後戻りできない社会の中にあって我々人間も，動物園でのサルの社会化システムから学びたいと思う。

まず親は，手間ひまかけて子どもと接し，子どもとの信頼関係を築く。親にその安心感とゆとりを与えるのが本当の子育て支援である。地域では早期から子どもの年齢に応じた集団を用意して，友達との遊びの中で社会的ルールや感情のコントロールを身につけさせたい。そのためのノウハウは40数年積み上げてきた障害児保育がもっている。

障害をもつ子の親は，子どもの生きにくさ育ちにくさを実感しているために，子どもの特性をよく理解しようと努力し，支援を受けながら手間ひまかけて子育てしてい

る。また保育士は子どもがはじめての状況に接するときなど，意識して時間をかける。不安を減らし，「大丈夫感」を育て，集団への参加を楽しいものにしていく配慮をもっている。乳幼児期のこのようなかかわりが，学童期，青年期の集団参加への自信につながっていく。

　本書では，障害をもつ子どものケースを載せているが，そのかかわりは障害をもたない子どもにも共通するものである。すべての子どもの子育てに本書を役立てて欲しいと願っている。

　「はじめに」で述べてあるとおり，専門分野も勤務先も年齢も異なるメンバーが出逢って本研究を始めてから，すでに20年近く経っている。研究日の設定もままならず月1回がなかなかとれない，また専門や経験が違うと議論がかみ合わないことも多くあったりして，本当に長い道のりであった。その間，仕事や家族の都合で，研究会に参加できなくなったメンバーもあったが，これまでの研究成果を本にまとめようということになり，川原佐公先生宅（お世話になりました）を研究室にして，最終的には執筆者6名がそのエネルギーをつないできた。

　今，出来上がった原稿を前にして感慨をこめて報告したい人たちがいる。保育士の視点から，保育現場で役に立つスケール作成に力を発揮された前田多恵子さん，松葉葉子さん，本スケールの標準化の手続き，特に統計解析に専門的に取り組んでいただいた今川恵理子さん，また渡邊史歩さんには先行研究で多くの示唆を与えていただいた。ここに改めて感謝の意を表したい。

　そして最後に，オリジナルプロセススケールを作成された東山紘久先生はじめ当時のポニー学校スタッフにお礼を申し上げる。

　7年前，私たちが研究の成果を出版したいと思ったのは，昨今の子どもをとりまく社会的環境に強い危機感をもったからである。障害の有無にかかわらず，子どもは周りの多くの人との直接的なかかわりの中で育つものであることを，子育てにかかわるすべての人に改めて伝えたい。この本に書かれているすべてのことは，そこに集約されると思っている。

　　　2008年2月

　　　　　　　　　　　　　　　　　　　　　　　　　　　　　　　　中新井澪子

## 付録❶

# 「乳幼児社会性発達のプロセススケール」を
# チェックする際の留意点

　このスケールは，保育所や幼稚園などの集団場面における一人ひとりの子どもが，AからJまでの10項目の側面から見て，それぞれ1から10までのどの段階にいるか把握するためのものです。日常の子どもの行動から判断してください。

　1から10の段階は，ひとりの子どもの年齢的・発達的変化と，集団や他者との関係的，習熟的変化の両方が含まれています。したがって，各段階は，それぞれの項目において独立のもので，項目間の関連は必ずしもあるとはいえません。チェックする場合は，1つの項目の1段階から10段階まで一通り目を通して，その子どもがどの段階にいるか判断してください。

　具体的には，例えばAの項目においてまず1段階から10段階まで目を通してから，一番その子どもの状態を表していると思われる段階に〇をつけてください。しかし，例えば5，8の様子は見られるのに，6，7は全くないという場合もあるかもしれません。そのような場合はスケールの内容とは異なるが，6，7の段階は通過していると思われるときは8，まだ6，7は通過していないが8のエピソードは確認できるというときは5に1を加算して6としてください。

　以下に，AからJまでの各項目が子どものどのような側面を見ているのかを述べます。

## A．母親から分離していく過程

　子どもが母親（母親代わりの人でもよい）に連れられて登園（所）してきたときの様子を見て下さい。内容については，行動が例示してありますのでわかりやすいと思いますが，少し迷いやすいのは，1段階と10段階のどちらにしようかというときです。

　レベル1は，全く母親を意識せず誰が自分に働きかけているかについても特に関心がない状態で，いつでもどこでも誰とでもほとんど無造作に受け渡しができる状態を指します。そのとき子どもは泣かないし，母親のほうを振り向きもしないでしょう。ちょうど生まれたばかりの赤ちゃんが周囲の状況に全く注意を払わずに，自分のペースで生活している状態に似ています。

　10段階は，母親を十分意識しているがそれをあまりあからさまに出さずに別れることができるということです。しかし，よく見ると別れ際にちょっと母親の顔を見たり，声が出たり，バイバイしたり，名残惜しそうなそぶりがあるのが普通です。

### B．不安感，緊張感の減少過程

　集団保育場面に初めて参加する子どもにとっては，そこは知らない場所，知らない人，初めての状況であり，その場面にたった一人で（母親の援助なしに）対応しなければならないので，そのような状況が認知できる段階の子どもであれば，かなりの不安感，緊張感が引き起こされます。

　しかし，自分で安心できる対象を手に入れ，時間の経過とともに集団に適応していく中で，そのような不安感，緊張感は減少していきます。この項目は，その過程を示したものです。

### C．遊びの発展過程

　この項目は，子どもの遊びを発達順に並べたものです。例えば，2段階のエピソードは，生後3ヶ月から6ヶ月ぐらいの子どもの様子であり，入園当初のまだ遊べない状態を述べているのではありません。6段階は，例えば，積み木を見て自動車をイメージする（ブーブーと言ったりする）ことであり，7段階は，自動車を表すために積み木を用いるようなイメージが6段階より確かなものになっている段階です。

### D．制限が理解されていく過程

　この項目は，保育者が与える制限の意味を理解していく過程を示しています。行動や感情を保育者から制止されたときの子どもの反応を見てチェックしてください。

### E．自己制御ができていく過程

　この項目は，行動面での自己主張と自己抑制により，自己をコントロールすることができるようになる過程を示しています。年齢的には，自己主張の方が先にでて，その後自分を抑えることが可能になると思われます。

### F．感情の表出過程

　感情の表出（交流）と制御の過程を示しています。1段階から4段階は，生後1年くらいまでに見られる未熟な感情の表出（交流）であり，5段階と6段階は，自分の意志に基づいたはっきりした感情表出と交流，7段階から10段階は，複雑な感情の表出と，自分でそれをコントロールしていく過程を示しています。

## G．集団に適応していく過程

　子どもの集団に対する反応を見る項目です。集団に対して全く意識しない段階から，次第に意識し始め，集団の一員としての意識をもって集団活動ができるようになるまでの過程を10段階に区切っています。

## H．保育者との関係が深まる過程

　保育者が自分にとって援助的な存在であることに気づき，保育者を保育者として認識し，信頼関係の中で，自由に自己を表現できるようになる過程を見る項目です。

## I．他児との関係が深まる過程

　他児の存在に全く無関心の段階から，次第に仲間としての他児への関心が芽生え，仲間としての関係が深まっていく過程を示す項目です。

## J．三者関係が成立する過程

　保育者と他児と自分との三者の人間関係に，全く無関心の段階から，三者の関係の中で，自己の意味づけを把握し認識した上で，行動できるようになる過程を見る項目です。


　プロセススケールについては，2章表2－2（p.16～p.17）を参照して下さい。

## 付録❷ 〈レーダーチャート原本〉

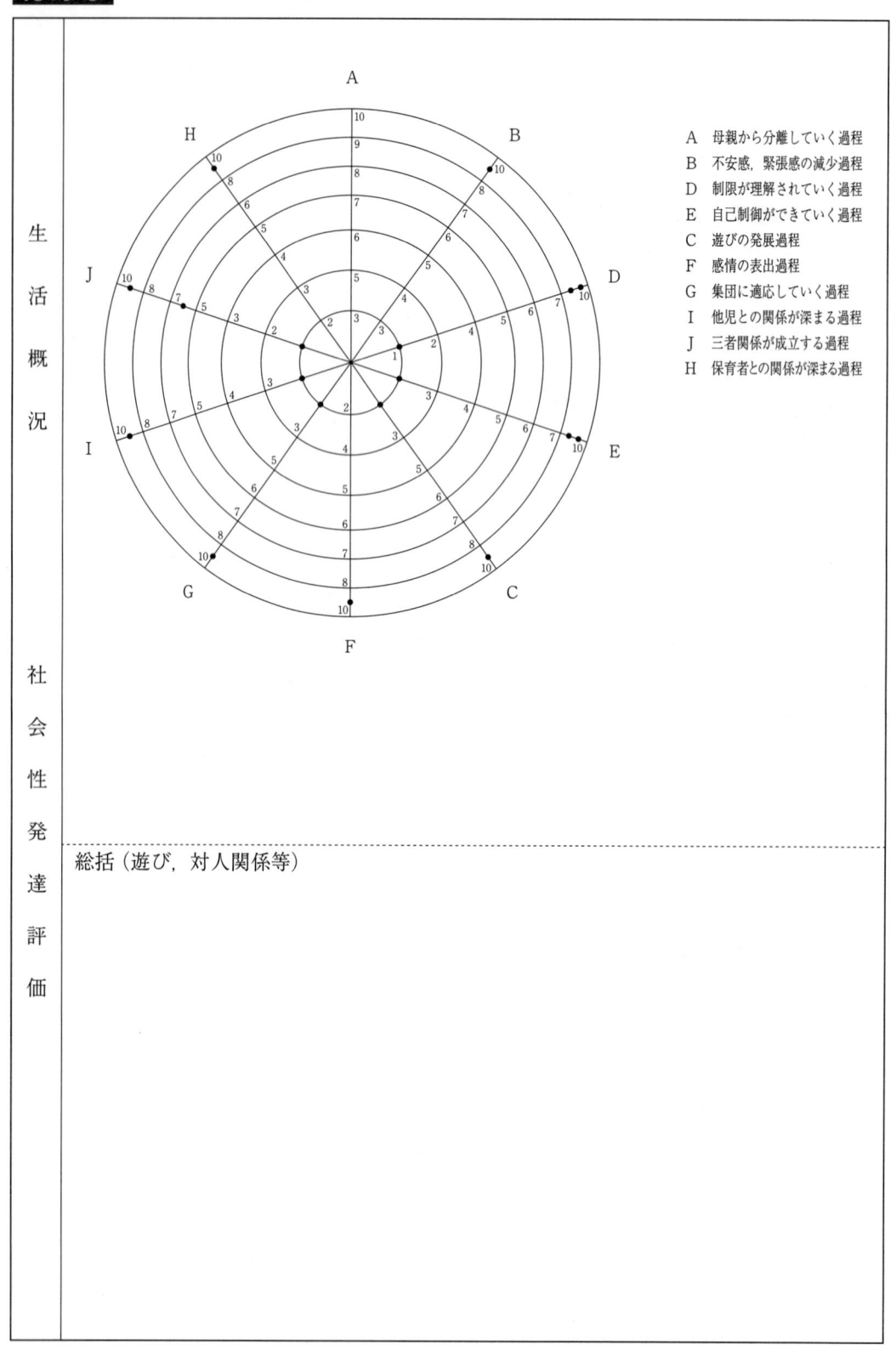

A 母親から分離していく過程
B 不安感,緊張感の減少過程
D 制限が理解されていく過程
E 自己制御ができていく過程
C 遊びの発展過程
F 感情の表出過程
G 集団に適応していく過程
I 他児との関係が深まる過程
J 三者関係が成立する過程
H 保育者との関係が深まる過程

生活概況

社会性発達評価

総括(遊び,対人関係等)

# 索　　引

## 《あ行》

愛着（アタッチメント）
　　21, 26, 37-38, 58-59, 63-64
アクスライン　　94
石井哲夫　　103
今井和子　　26
エインズワース　　37-38
遠藤利彦　　1
応用行動分析　　87-88
岡野雅子　　42
岡本依子　　2
オリジナルスケール　　12, 14-15

## 《か行》

カーター　　3
カウンセリング・マインド　　59, 68
笠原嘉　　26
柏木惠子　　31-33
柏女霊峰　　4, 6-7
感覚遊び　　22, 60, 62-63
環境による保育　　8, 107
関係の発達　　57
木下孝司　　29
基本的信頼感　　6, 58
基本的信頼関係　　41, 59
協同遊び　　35-36
協力遊び　　36
楠凡之　　6
グループセラピー（集団治療訓練）
　　11, 69, 95
グレイ　　67
構成遊び　　22
構造化　　60, 62, 67
ゴールマン　　103
心の理論　　29, 31, 103
ごっこ遊び　　22
コミック会話　　61, 67
根拠に基づく実践　　99

## 《さ行》

ザーン・ワックスラー　　39
サギ　　39
三者関係　　25, 41-42, 64

三間　　7-8
自我　　25-26, 39-41
繁田進　　2
自己主張　　23, 31-33, 61, 107
自己制御（機能）　　23, 31, 61
自己抑制　　23, 31-33, 61
自己リファレンシャル行動　　39
児童虐待　　6
社会性　　1-2, 57-58, 103-104
社会性発達の類型化　　47
障害児保育実施要領　　103
障害児保育ゼミナール　　13, 99
情緒的対象恒常性　　26, 41
ショプラー　　67
ストレンジ・シチュエーション法
　　37-38
スローフ　　33-35
精神発達の二軸構造　　57
生態学的視点　　2-3
セルフコントロール機能　　23
操作遊び　　22
ソーシャルスキル　　67, 107
ソーシャルスキルトレーニング　　66
ソーシャルスキルトレーニング
　　絵カード　　61, 67
組織的補助遊び　　36

## 《た行》

滝川一廣　　57
田中真理　　42
探索遊び　　22
つもり遊び　　22
TEACCHプログラム　　60, 67

## 《な行》

ニッチ　　29
乳幼児社会性発達のプロセス
　　スケール　　11, 16-17
乳幼児社会性発達評価票　　16-17
認識の発達　　57
認定こども園　　101-102

## 《は行》

パーテン　　35-37

ピアジェ　　29
東山紘久　　12, 68
櫃田紋子　　39
ひとり遊び　　35-36
平澤紀子　　1
不安　　26
フリーオペラント技法　　88
プレジャーブック　　61
プレマック　　29
フロイト　　94
ブロンフェンブレンナー　　2
分離－個体化　　25, 41
分離不安　　21, 25-26
並行遊び　　35-36
保育　　101
保育環境　　8
保育士資格　　102
保育士の自己研鑽　　102
保育士の守秘義務　　102
保育士の信用失墜行為の禁止　　103
傍観遊び　　35-36
ホフマン　　39
保母資格　　102
本郷一夫　　1

## 《ま行》

マーラー　　25-28, 41
マクゴールドリック　　3
待井和江　　8
マッセン　　4
松永あけみ　　2
丸野俊一　　31
見立て遊び　　22
メタ・コミュニケーション　　55
模倣遊び　　22

## 《や行》

遊戯療法　　11, 94-95

## 《ら行》

ラドケ・ヤロウ　　39
ルールのある遊び　　22
レヴィンジャー　　39
レーダーチャート　　21, 118

| 〔編著者〕 | | (執筆分担) |
|---|---|---|
| 安藤　忠<br>(あんどう　ただし) | 神戸親和女子大学発達教育学部教授<br>大阪府立大学名誉教授，医学博士 | はじめに，第2章3・5-<br>(2)，第3章 |
| 川原佐公<br>(かわはら　さく) | 近大姫路大学非常勤講師<br>元大阪府立大学社会福祉学部教授 | 第7章 |

| 〔著者〕 | | |
|---|---|---|
| 中新井澪子<br>(なかあらい　れいこ) | 元東大阪市療育センター通園施設長 | 第2章4・5-(4)・(5)，<br>第4章，おわりに |
| 和知富士子<br>(わち　ふじこ) | 桃山学院大学非常勤講師 | 第2章1・2・5-(8)〜<br>(10)，第5章 |
| 米倉裕希子<br>(よねくら　ゆきこ) | 近畿医療福祉大学社会福祉学部講師<br>社会福祉学博士 | 第2章5-(3)・(6)・(7)，<br>第6章2 |
| 鶴　宏史<br>(つる　ひろふみ) | 神戸親和女子大学発達教育学部講師 | 第1章，第2章5-(1)，<br>第6章1 |

〔本書は発行に際し，**神戸親和女子大学2007年度出版助成を受けた**〕

## 特別支援保育に向けて
### －社会性を育む保育　その評価と支援の実際－

2008年（平成20年）3月20日　初版発行
2008年（平成20年）11月20日　第2刷発行

編著者　安　藤　　　忠
　　　　川　原　佐　公

発行者　筑　紫　恒　男

発行所　株式会社　建　帛　社
　　　　KENPAKUSHA

112-0011　東京都文京区千石4丁目2番15号
TEL (03) 3944-2611
FAX (03) 3946-4377
http://www.kenpakusha.co.jp/

ISBN 978-4-7679-3222-4　C3037　　　中和印刷／常川製本
©安藤，川原ほか，2008.　　　　　　Printed in Japan
（定価はカバーに表示してあります）

本書の複製権・翻訳権・上映権・公衆送信権等は株式会社建帛社が保有します。
JCLS 〈㈱日本著作出版権管理システム委託出版物〉
本書の無断複写は著作権法上での例外を除き禁じられています。複写される
場合は，㈱日本著作出版権管理システム（03-3817-5670）の許諾を得て下さい。